문화문고 008

사소절 士小節

선비 집안의 작은 예절

이덕무 저 | 이동희 편역

傳統文化硏究會

선비 집안의 작은 예절

문화문고　**사 소 절** 士小節　　　　　　정가 13,000원

───────────────────────────────

2013년 05월 10일 초판 발행
2024년 02월 28일 초판 5쇄

저　　자 이덕무
번　　역 이동희 편역
기　　획 이계황
편　　집 남현희
교　　정 이효재 · 강보승
출　　판 권영순 · 김주현
장　　정 이화춘
관　　리 함명숙
보　　급 서원영

발행인 곽성문
발행처 ㈜전통문화연구회
　서울시 종로구 삼일대로 428 낙원빌딩 411호
　전화 : 02-762-8401 전송 : 02-747-0083
　사이버書堂 : cyberseodang.or.kr
　온라인서당 : book.cyberseodang.or.kr
　전자우편 : juntong@juntong.or.kr
등　록 : 1989. 7. 3. 제1-936호

인쇄처 : 한국법령정보주식회사(02-462-3860)
총　판 : 한국출판협동조합(070-7119-1750)

ISBN 978-89-91720-86-2 00190
　　　978-89-91720-76-3 (세트)

간행사

종이책을 내는 사람들은 어느 정도 실적이 쌓이면 그 분야의 문고 계획을 세워보았을 것이다. 그 뜻은 교양과 지식의 저변을 확대하고 대중화하여야만 대체로 출판의 2차적 목적을 성취할 수 있기 때문이다.

필자는 민족문화추진회에서 오래전에 한국고전문고를 간행하면서 '고전읽기운동'을 전개하여 100만 건 이상의 독후감을 심사·시상한 일이 있었다. 그 후에는 동양고전과 인물을 폭넓게 문고화하려는 계획을 세웠으나 집필자와 재정 문제로 사장되었다.

그런데 세계는 각계의 교류가 긴밀히 이루어지면서 하나로 되는 상황에 이르러, 우리 국민의 역사·문화 의식이 한국에서 동양으로, 또 세계로 지향해야 하는 시급한 시대가 다가왔다.

그러나 세계로의 지향이 서구화의 다른 이름이고 우리로서는 허상일 수 있음을 주의하여야겠지만, 우리와 동양의 자주성과 자존의 아집도 경계하여 새로운 그 무엇을 그려내야 할 것이다. 이를 위해서는 일차적으로 한韓·중中·일日 삼국정립三國鼎立을 통하여 치욕의 역사에서 벗어나 안정과 발전의 기반을 마련해야 할 것이다.

본회는 이러한 상황에서 일차적인 준비로 '동양문화총서'를 몇 권

간행한 바가 있었으나, 본 계획의 충실을 기하기 위해서는 한 손에 연구와 다른 한 손에 보급이라는 과제를 좀 더 확실히 해결하지 않으면 안 된다. 앞으로 국민의 전체적인 수준 향상을 위하여 필독서인 '사서四書'의 문고화를 시작으로, 우리와 동양에서부터 서양의 고전과 인물과 문화에 관한 '문화문고' 간행의 출발점으로 삼고자 하는 것이다.

대체로 문고는 연구서에 비하면 2차적 작품이므로 주석 등을 본문에 녹여서 독자가 읽어서 이해되도록 하려고 한다. 그러나 특수한 분야나 전문적인 것도 필요한 것이다. 또한 시대에 부응하여 편리하며 염가로 읽힐 수 있는 '전자출판'도 겸행할 예정이다.

구미歐美의 유명한 문고본이 끼친 세계 문화적 영향이나, 이웃 일본의 교양과 지식이 이와나미문고岩波文庫에서 나왔다는 사실을 기억하여야겠다. 우리나라의 문고본은 그간 부침浮沈이 있었으나, 여러 분의 서가에도 상당수 있듯이 그 공헌은 인정하지 않을 수 없다. 앞으로 우리는 '동양고전국역사업'과 함께 통섭적統攝的 방법으로, 국가경쟁력을 키우고 문예부흥을 개막하는 계획의 꿈도 이루기 위하여 지혜를 모아 헌신할 것을 다짐하며, 이에 각계의 관심과 지원을 기대한다.

전통문화연구회 회장 이계황

역자 서문

인류문명사 관점에서 보면 조선시대는 전근대로 종교적 세계관과 인간관 아래 삶을 이어갔다. 오늘날의 자유, 인권, 과학, 대량생산, 물질적 향유, 상업, 교환가치, 선거와 민주주의 등에 대해 알지 못했다. 권력의 집중화와 정치와 종교의 일치, 계급사회와 자유의 억압 등 이러한 특징을 가지고 있었다.

선비는 선택받은 상층 계급으로서 제한적이었지만 자유를 누리고 살았고, 문화를 창조하는 즐거움을 어느 정도 가질 수 있었다. 그들의 교양 있고 우아한 행동 양식은 그 사회의 지도층 내지 여론 형성층으로서 반드시 지켜야 할 도덕이었다. 그것은 단순한 도덕적 권유에 그치지 않고 일종의 의무였다. 그렇다면 그것은 단순한 윤리 차원, 도덕의 영역에 그치는 것이 아니다.

도덕적 의무를 지키기 위하여 목숨 바치는 것을 마다하지 않는 경우도 있는데, 이를 보면 종교적 경건성敬虔性의 훈련이라 해도 과언이 아니다. 그러므로 유교의 예법, 예절을 단순히 도덕과 윤리적 관점에서만 보아서는 안 된다. 유교儒敎라는 종교적 행위 규범으로서의 '선비의 예절'이다.

이것은 전근대의 것이라 하더라도 이미 우리의 전통문화를 이루고 있고, 조상의 유훈遺勳으로서 그 자손들이 아직도 양반으로서 자부심을 가지고 실천하고 있다. 물론 시대가 바뀌어 그대로 수용할 수 없는 것도 있지만, 대체로 의미가 있다고 생각하고 있다.

여기 청장관靑莊館 이덕무李德懋(1741~1793) 선생이 지은 ≪사소절士小節≫은 전근대의 그러한 전통문화를 잘 보여주고 있고, 그 가운데 일부는 지금도 양반 후예들이 지키고 있는 예절들이다. 아니 현재 대부분의 교양 있는 한국인들이 현재의 삶에 맞게 응용하고 있는 것들이다.

도덕적이라 하면 거부 반응을 보일 젊은이들도 대부분 이 중의 많은 예절 조목을 부지불식간에 실행하고 있다. 동서양 문화의 차이나 신구 세대간 가치관의 갈등이 도사리고 있지만, 우리의 젊은이들은 현대 문명도 문제가 있다는 것을 잘 알고 있기 때문이다. 그러므로 문제는 이러한 문화와 가치관의 차이에 있지 않고, 현대 자본주의의 상업주의에 그 죄가 있다.

이것의 필요성은 다 인정하지만 그 타락상은 종교도, 정치도, 유엔기구도 어쩔 수 없다. 이는 종교적으로 말하면 인간의 원죄原罪라고 할 만한 것이다. 유교의 예법인들 어떻게 하겠는가. 그러나 유교의 종교적 경건성과 그 실현을 위한 일상성, 현실성의 예절은 세계 모든 종교의 교리나 계율과 다르지 않다.

오히려 다른 종교적 계율戒律에 비해 이 일상성, 현실성이 유교 예절의 특징이다. 문제는 그것에 다가가려는 생각과 신념이 있느냐 없느냐 하는 데 달려 있을 뿐이다.

지금도 문화권文化圈에 따라서 예절이 다르긴 하지만, 어느 나라나

다 있는 것이 예절이고 예법이다. 에티켓이 바로 그것인데, 에티켓의 정신은 남을 기쁘게 해주는 데 있다. 그렇다면 예절을 지키지 않는 것은 이기주의적 생각에서 나온 것임을 알 수 있다.

유교문화권에서 예절은 처음부터 남을 의식하고 인간관계를 원만히 하기 위해서 마련된 것이다. 서구의 철저한 개인주의에서 나온 '배려配慮'의 에티켓보다 더 상호관계적이다. 물론 이런 연대의식은 '연고의식緣故意識'으로 나쁘게 발휘될 수도 있다. 그러나 근본 정신이 관계적이라면 당연히 여기서도 배려의 윤리가 나와야 한다. 결코 고리타분한 옛 잔소리가 아니다. 우아하고 점잖은 인격이 형성되는 길이다.

오늘날 서점가에는 서양 고대 스토아 철학을 바탕으로 한 삶의 지혜에 대한 책이 많이 나와 있다. 이 책 또한 그에 비견되는 동양의 삶의 철학을 대변하는 책이라고 생각하면 된다. 다만 그것보다 좀 더 도덕적 수련을 요구하고 있는 특색이 있다.

이 책을 통하여 우리 전통문화의 일면인 양반문화를 고찰하고, 유교의 소위 윤리·도덕이라는 것이 종교적 계율로서의 의미도 가지고 있다는 것을 말해두고 싶다. 그리하여 이 책의 예절을 오늘날 실행해보고, 이를 기초로 청장관 선생의 뜻을 받들어 여기에 없는 것을 보완해가며 오늘날에 맞는 생활예절을 창조해가는 것이 우리 전통을 아끼는 태도라고 할 수 있다.

더 나아가 양반 프라이드를 가지고 이 책을 읽는다면 유교의 나쁜 잔재가 남아 있는 우리 사회의 불합리한 관행, 그 대표적인 연고의식·

허례의식을 고치는 데도 앞장설 수 있을 것이다. 바로 청장관 선생이 당시에 사회윤리 개혁가였기 때문이다.

청장관 선생은 실학자實學者이고, 중국에 가서 당시 선진문화인 청조淸朝 문물을 보고 온 인물인데, 어떤 예절 조목은 오늘날 볼 때 유감스러운 것이 있다. 예를 들면 선생은 바둑과 장기, 연날리기, 음악과 악기, 유머 같은 것을 매우 부정적으로 보았는데, 이는 실학자답지 못한 말씀이다.

그리고 봉건시대임에도 지아비와 부인은 동등하게 보고 있지만, 기본적으로 가부장적인 생각, 남녀차별 의식, 신분차별 의식을 그대로 유지하고 있다. 그 대표적인 것이 첩에 대한 이야기인데, 이런 것은 시대적 제약이라는 것을 독자들도 이해할 것이다.

그러나 번역하면서 이런 용어를 비롯하여 현대와 너무 동떨어진 내용은 제외하였고, 또 한문식 문투나 지금 시대에 어색한 용어를 순화시키고 문장을 다듬었다.

지금부터 30여 년 전 1981년에 당시 재단법인 민족문화추진회에서 번역된 '한국고전총서' 가운데서 문고화할 수 있는 책을 골라 '민족문화문고'를 간행하기 시작했는데, 그중의 하나로 ≪사소절≫을 기획하였다. 필자가 1976년 7월부터 1983년 2월까지 동 추진회에 근무하고 있을 때였다. 이번에 전통문화연구회에서 '문화문고'를 기획하면서 본서를 간행하게 되었다.

그리하여 초판본을 좀 더 다듬어 세상에 내어놓게 되었는데, 감회가 새롭다. 그러나 당시 초판을 보면 내용도 너무 고답적高踏的이고 책으로서도 현대적인 세련미가 적었다. 각주가 많고, 글씨도 잘아서 청소년이 읽기에는 적절하지 않음을 발견하였다.

그래서 이번 '수정편역본'에서는 문투가 어색한 부분은 현대적으로 바꾸고 각주 없이 읽을 수 있도록 본문을 보완하고, 또 적절하지 못한 내용은 제외하였다. 그러나 청장관 선생의 뜻을 전하는 데는 하등 무리가 없도록 하였다. 다만 제목은 초판과 달리 ≪사소절 - 선비 집안의 작은 예절≫이라고 하였다.

이 책을 읽으면서 지금 이 시간에도 바람직한 예절을 이야기하지 않으면 안 된다는 생각이 들었다. 엘리베이터나 지하철에서 손님이 내린 뒤에 탈 것, 황사 마스크라 하여 귀신 같은 마스크나 자외선 차단모자를 눌러 내려 쓰거나 하여 주위 사람들을 불쾌하게 하지 말 것, 방송에서 맛자랑하는데 지옥의 아귀같이 먹어대지 말고, 공동 음식은 작은 그릇에 반드시 덜어 먹고 너무 뜨거운 음식을 입에 넣지 말 것, 젓가락질을 올바르게 하도록 어린 자녀들을 잘 가르칠 것, 청장관 선생이 걱정한 바둑·장기의 폐해처럼 게임에 너무 빠지지 말 것, 휴대폰은 반드시 소곤소곤 기능으로 하여 걸 것, 여성의 옷차림에 대한 디자이너들의 협조 등등이다. 이와 아울러 근본적으로 우리 사회의 불합리한 행태에 대해서도 말할 것이 있지만 그것은 별도로 말하기로 하고 여기서는 언급하지 않는다.

그런데 중요한 것은 아무리 청장관 선생의 예법, 예절을 준수한다고 해도 우리 사회에서 교양 있게, 종교적 경건성과 맑은 정신을 유지하면서, 일반 착한 시민으로서 품위를 지키며 행복하게 살 수 있을까

하는 점이다.

　의문이다. 개인 수양을 뒷받침해주는 무엇이 있어야 하는데, 그러한 사회시스템이 우리 사회에서 있는가. 미국 신학자 라인홀드 니버 (1892~1971)의 ≪도덕적 인간 부도덕한 사회≫를 자꾸 생각하게 만든다. 이것이 이 책을 다 읽고 난 다음의 남은 문제로 다가온다.

2013. 3.

계명대학교 교수 이동희

초판 해설

본서는 조선조 영·정조英正祖 때의 실학자實學者이며 문장가인 아정雅亭 이덕무李德懋의 저술로서 일상생활에 있어 도덕적 수양을 위하여 가져야 될 마음가짐과 몸가짐에 대한 행동규범을 엮어놓은 수신서修身書이다.

저자의 서문序文에서도 언급한 바와 같이 이 책은 주희朱熹(1130~1200)의 ≪소학小學≫의 편찬 취지를 모방하여 만든 것인데, 평소 사소한 예절이나 행동거지를 올바르게 함으로써 인격을 수양할 수 있다는 유교의 도덕관에 기초하고 있다. 그 내용은 〈선비의 예절〉, 〈부녀자의 예절〉, 〈어린이의 예절〉 등 3편으로 구성되어 있고, 각 편은 다시 성품性品과 행실行實, 언어言語, 복식服食, 행동거지行動擧止 등으로 분류되어 있다('수정번역본'에서는 이를 알기 쉽게 풀었다).

이 책의 저자 이덕무는 자가 무관懋官, 호가 아정 또는 형암炯庵이다. 완산인完山人으로 통덕랑通德郎을 지낸 성호聖浩의 아들로 영조 17년에 태어나 정조 17년에 53세로 세상을 떠난 조선조 후기 실학자요 문장가였다.

그는 경經·사史·자子·집集은 물론이고 기문이서奇文異書에 이르기까지 통하지 않은 바가 없었고, 그의 학문 범위는 매우 넓어 백과전

서식으로 박학다식하여 많은 저술을 남겼다.

이 ≪사소절士小節≫ 외에도 ≪기년아람紀年兒覽≫, ≪청령국지
蜻蛉國志≫, ≪앙엽기盎葉記≫, ≪송사보전宋史補傳≫ 등의 저술이
있다.

그러나 그는 서자庶子 출신이었기 때문에 큰 벼슬을 하지 못하여
항상 집안이 가난하였다. 그러나 그는 이 ≪사소절≫ 속의 선비와 같
이 근실하고 깨끗하게 살았다. 당시 규장각奎章閣의 검서관檢書官으로
중요한 도서 편집에 그가 참여하지 않은 것이 없어 세상에서는 그와
서이수徐理修·박제가朴齊家·유득공柳得恭을 함께 사검서四檢書라고
불렀다.

그는 또 일찍이 심염조沈念祖를 따라 중국에 갔다 옴으로써 많은
견문을 넓혔고, 그리하여 북학北學을 주장하였다. 이 북학의 이념을
그는 시문詩文을 통하여 구현하였는데, 세상에서는 그와 박제가朴齊
家·유득공柳得恭·이서구李書九를 함께 한문학漢文學 사대가四大家라
고 불렀다.

그는 ≪서경書經≫의 "조그만 행실을 조심하지 않으면 큰 행위를
그르친다."는 말을 인용하여 "조그만 행실[細行]은 곧 사소한 예절[小
節]이다."라고 하면서 이 말로써 책 이름을 지었다. 이로써 보아도 저
자의 뜻은 사소한 예절을 잘 지키는 데 사람다운 사람이 되는 길이 있
다고 본 것이다.

원래 유교의 수양법修養法은 밖으로 몸가짐을 올바르게 가지고 행
실을 바르게 함에 따라 우리의 속마음이 윤리적, 도덕적으로 한층 고

양되고, 따라서 인격이 성숙하여진다는 것이다. 그러므로 주자朱子(주희朱熹)도 ≪소학≫을 이러한 취지에서 지었으며, 저자 또한 이 정신을 그대로 계승한 것이다. 이와 같은 뜻에서 번역본의 책명을 ≪생활의 예절≫이라고 붙여 보았다.

이 책은 2책 8권 개설 3장 924조목으로 되어 있는데, 〈선비의 예절〉이 580조목, 〈부녀자의 예절〉이 205조목, 〈어린이의 예절〉이 131조목이다. 본서가 유교윤리가 통용되던 시대의 수양서이기 때문에 오늘날 독자에게 다소 위화감을 줄 수도 있고, 또한 오늘날도 그 정신을 살려 오늘날의 생활규범이나 행동지침으로 활용될 것을 기대하여 필자 나름대로 몇 조목을 뺀 것을 밝혀두어야겠다.

남녀평등의 관점에서 첩妾에 관한 것이라든가, 중국학자의 잠언箴言을 그대로 저자가 인용하였으나, 별로 중요하지 않은 것이라든가 또는 그 내용이 오늘날과 거리가 너무 멀어 오히려 위화감을 느낄 만한 것은 빼어버렸다.

이와 같이 조정을 해도 오늘날 독자로서 전근대적인 도덕규범이라고 비평할 자가 있을지 모르겠다. 그러므로 필자는 기본적으로 이 책을 유교윤리를 긍정적으로 생각하면서 보아달라고 부탁하고 싶다.

주요한 낱말이나 인명은 주해註解를 하였으며, 저자가 인명을 인용하면서 본명으로 하기도 하고 호號나 자字를 쓰기도 한 것은 통일하지 않고 저자가 한 대로 그대로 두었다(본 '수정편역본'에서는 본명으로 통일하였다). 이 책을 편역하는 데 대본은 최성환崔瑆煥(1813~1891) 편집의 국립중앙도서관 소장 고활자본(1853년 간행)으로 하였고, 번역에 있어서는 김동주金東柱 역의 ≪사소절≫(≪국역 청장관전서≫ Ⅵ, 민족문화추진회, 1980)을 저본으로 하였다.

동양사상은 정신 수양면에서 많은 관심을 기울여왔다. 특히 그중에서도 유교는 일상생활에서 예禮의 실천을 통하여 그것을 구현하려고 하는 데 특징이 있으므로, 이 책을 통하여 유교의 도덕적 실천을 통한 인격 수양법의 정신을 배워 자기 향상의 길잡이로 삼는다면 필자로서 매우 다행이겠다.

1981. 12.

재단법인 민족문화추진회 조사기획차장 이동희 삼가 씀

서문序文

내(이덕무)가 ≪사소절士小節≫ 8권을 지었는데, 〈사전士典〉, 〈부의
婦儀〉, 〈동규童規〉의 3편으로 총 924장(조목)이다.

나의 가정은 순박淳朴하다. 아버님께서 나를 가르치셨는데, 매를
때리거나 꾸짖지 않으셨다. 그리고 달리 스승에게 맡기지도 않고 가정
에서 열심히 공부하게 하는 한편 마음이 명예名譽와 이익利益에 빼앗
기지 않도록 금지했을 뿐이다. 그것은 내가 체질體質이 연약하여 나쁜
짓을 감히 못하고, 성품性品이 착실하여 아버님 훈계를 감히 어기지
못하기 때문이지, 자질資質이 아름다워 학문에 뜻을 가진 자라고 해서
가 아니었다.

내가 이 책을 지은 것은 작은 예절[小節]을 살펴서 되도록 허물을
적게 하기 위함이었는데, 반성하건대 잘 되지 않은 것이 있었다. 사람
들은 항시 "작은 예절에는 구속을 받지 않는다." 하지만 이는 경전經傳
의 뜻에 위배되는 말이라고 나는 생각한다.

≪서경書經≫에 "조그만 행실을 삼가지 않으면 끝내는 큰 덕을 더
럽힌다." 하였는데, '조그만 행실'이란 바로 작은 예절인 것이다. ≪상
서대전尙書大傳≫에도 "공경公卿·대부大夫·원사元士의 적자嫡子는
13세가 되면 비로소 소학小學 과정에 들어가 작은 예절을 익히고 작은

의리義理를 실천하며, 20세가 되면 태학太學 과정에 들어가 큰 예절을 익히고 큰 의리를 실천한다.”고 하였다.

그러므로 작은 예절을 닦지 않고서 큰 의리를 실천하는 자를 나는 보지 못하였다. ≪논어論語≫에 실린 〈향당편鄕黨篇〉이나 ≪관자管子≫의 〈제자직弟子職〉도 모두 작은 예절에 관한 것이다.

옛날 주周나라가 흥성할 때에는 사소한 일까지도 예절로써 한계를 정하고 제도로써 절제하였다. 경례經禮 3백 조목이니, 위의威儀 3천 조목이니 하는 것이 바로 그것이다. 그런데 주나라가 쇠망하자 제후들이 법도의 범위를 넘어서 행동을 하고 그 전적典籍까지도 없애버렸고, 진秦나라에 이르러서 더욱 심해졌다. 그 후 한漢나라가 건국되자 예절이 차츰 회복되었다.

사소한 것들은 모두 작은 예절에 속하는데, 그것은 곡례曲禮에 이르러서 비로소 나타났다. 공영달孔穎達은 “주공周公이 곡례를 지어 위의威儀를 조절했다.” 하고, 육덕명陸德明은 “곡례는 의례儀禮의 옛 이름이다.” 하였으니, 그렇다면 주공도 일찍이 작은 예절에 관심을 가졌던 것이다.

한漢·당唐시대의 선비들은 도수度數와 명물名物에 익숙하고 송宋·원元시대의 선비들은 이기理氣와 심성心性에 밝았다. 그러나 그들이 글을 지어 후세에 교훈을 남긴 것은 매우 적었고, 특히 작은 예절에 대해 중점적으로 말한 것 역시 적었다. 그들은 날마다 하는 행동에 법도를 잃지 않는 것은 당연한 일이라 생각하여 번거롭게 말할 필요가 없다고 여겨서였던가.

그러나 '작은 예절에 구애되지 않는다.'라는 말이 멋대로 유행하자 선비들은 염려하고 꺼리는 생각이 없었다. 그래서 주자朱子는 이를 걱정하여 《소학小學》이란 책을 저술하였다. 가르침의 법도를 세우는 것〔立敎〕과 인륜을 밝히는 것〔明倫〕에서 심술心術·위의威儀·의복衣服·음식飮食의 예절에 이르기까지 모두 작은 예절을 갖춘 것이었다.

나도 일찍이 《소학》을 읽고 그것을 따랐지만 주자보다 6, 7백 년 후에 태어나 궁벽한 고을에서 살고 있을 뿐더러, 고금이 변천하고 풍속이 일정하지 않으며 습관이나 기질이 더욱 변하였는지라, 자신을 반성하고 마음에 징험하건대 작은 예절에 있어서 잘 실천하지 못할 것이 열에 일고여덟 가지요, 잘 행할 것이 겨우 두세 가지 정도였다. 잘 행할 것이 적으면 선한 일을 하기가 매우 어렵고, 잘 실천하지 못할 것이 많으면 악한 일을 하기가 쉽지 않겠는가. 나 자신이 작은 예절을 닦지 못하여 집안사람들에게 모범이 될 만한 것이 없음을 늘 염려해왔다. 그래서 염려한 끝에 모든 것을 책에 적되 번잡을 피하지 않고 세쇄한 것을 지워버리지 않았다.

나는 빈천한 선비이기 때문에 기록한 말 중에는 빈천에 대한 예절이 많다. 그리고 옛날 현인賢人이 남긴 교훈을 이끌어 잠언箴言으로 갖추고, 근래에 있던 지금 사람의 사실을 적어서 보고 느끼게 하였다. 그러나 이것은 풍속을 바로잡고 남을 깨우치기 위한 것이 아니라, 자신과 가정의 예법禮法으로 삼기 위함일 뿐이다.

〈사전〉은 자신을 깨우쳐 되도록 허물을 적게 할 목적이요, 〈부의〉는 내 집 부인을 경계하기 위함이요, 〈동규〉는 자제들을 훈계하기 위함이다. 이것이 아버님께서 나를 가르치시던 뜻을 저버리지 않는 것이라고 나는 생각한다.

영조 51년(1775) 을미년 동짓달 이덕무 씀

일러두기

1. 본서는 동서양東西洋의 중요한 고전古典, 인물人物, 문화文化에 관한 모든 국민의 교양도서로, 미래 한국의 양식良識 기반을 구축하기 위한 문화문고文化文庫이다.

2. 본서는 ≪생활의 예절 - 사소절士小節≫(민족문화추진회)의 수정편역 본으로, 현대적 문체로 바꾸고 각주의 내용을 본문 안에 반영하여 중등학생 정도면 이해할 수 있도록 엮었다.

3. 주석에 해당되는 부분과 이해가 어려운 부분은 가급적 보충역을 하였으며, 간단한 주석은 ( ) 안에, 긴 주석은 해당 절節 아래 달았다.

4. 제목은 원문을 풀어서 현대에 맞게 제목화하였다.

5. 분량 관계로 전문적이거나 내용이 유사한 부분, 중국의 사례, 오늘날의 가치관이나 생활규범에 맞지 않는 것은 대부분 생략하였다.

6. 고유명사와 용어 및 주요 어휘는 독자의 문장 이해를 위하여 한자漢字를 병기하였다.

7. 본서에 사용된 주요 부호符號는 다음과 같다.

　" ": 대화, 인용

　' ': 재인용, 강조

「　」：재재인용

　＊　：주석註釋

（　）：간단한 주석

≪ ≫：서명書名

〈　〉：편장명篇章名, 작품명作品名

〔　〕：관용구慣用句, 참고 원문原文

목 차

제1장

선비의 예절

선비는 오늘날 말하면 학문을 닦은 인격자라 할 수 있다. 건전한 상식과 합리적 사고 방식, 그리고 적절히 조화된 감정을 가지고 있는 사람이다. 정신만 그런 것이 아니라 몸의 실천, 즉 행실 또한 방정 方正하여 타의 모범이 되어야 한다. 바른 정신이 건전한 몸의 행실을 낳지만, 정신은 또한 몸의 행실의 영향을 받는다. 그러므로 바른 행실을 위해 예절이라는 형식이 필요하다. 예절이 몸과 마음을 묶어주기 때문이다. 예절은 일상생활에서 습관화되어야 한다. 사소한 것부터 소홀히 할 수 없다.

1. 성품과 행실

1-1 활달한 성격性格은 본래 쾌활하므로 고루한 자보다 나은 듯하다. 그러나 활달하기만 하고 아무런 꺼리는 바가 없다면 예법禮法의 범위를 벗어나서 미치광이 짓을 하게 되어 도리어 고루한 자의 웃음거리가 될 것이다. 선비가 이 지경이 되면 역시 한심한 일이다.

그러므로 호걸豪傑 기운이 많은 사람은 스스로 활달하다고 하는데, 이들 역시 때때로 의리에 관한 글을 읽어 방자한 행동을 경계하고, 또 동료 중에서 엄숙한 사람 한 명을 골라 그에게 수시로 경계를 받는다면 좋은 사람이 될 수 있을 것이다.

그렇지 않으면 그 이른바 활달이란 것이 어찌 도적盜賊과 같은 기질로 변해버리지 않겠는가.

1-2 자신이 생각하는 온화한 성품이 느리고 태만怠慢한 성품이 아님을 어떻게 장담하겠으며, 자신이 생각하는 굳세다는 성품이 경거망동輕擧妄動의 성품이 아님을 어떻게 장담하겠는가.

분개하는 태도는 엄숙에 가깝고, 빈틈없는 행동은 차분한 성격에 가깝고, 바로잡으려는 것은 바른 행실에 가깝고, 주견이 없는 것은 서로 잘 어울리는 것에 가까우니, 조금만 구분하지 않으면 올바른 것과

의 거리가 더욱 멀어진다.

1-3 남의 진실眞實함을 취하고 우직愚直함은 용서하며, 남의 순박淳朴함은 취하고 어리석음은 용서하며, 남의 개결介潔함은 취하고 협애狹隘함은 용서하며, 남의 민첩敏捷함은 취하고 소홀疏忽함은 용서하며, 남의 바른 시비분변是非分辨은 취하고 행동이 약간 거친 것은 용서하며, 남의 신실信實함은 취하고 고집스러움은 용서해야 한다. 단점을 인해 장점을 보아야 하고, 장점을 꺼려 단점을 지적해서는 안 된다. 이것이 남을 포용하던 방법이다.

1-4 사람은 부지런하고 알뜰하게 자력自力으로 살아야 한다. 선배先輩 유정모柳鼎模에게서 나는 그 예例를 보았다. 사람은 또한 깨끗한 절개로 몸을 지켜야 한다. 고사高士인 윤유성尹維城에게서 나는 그런 예를 보았다.

유정모는 글을 읽고 가정을 다스릴 적에 화려함을 버리고 진실함을 취하는 것으로 근본을 삼았다. 인품이 어리석은 사람처럼 생겼지만, 이웃 사람들은 모두 그에게 감복하였다. 발[廉]을 짜고 새끼를 꼬며, 가지를 심고 포도를 심어서 그것을 팔아 생활하였다. 식구 열 사람 중에 어른이나 어린이를 막론하고 모두 맡은 일이 있어서 각기 생활을 도왔고, 가정의 법도가 정연하였다. 비록 가난했지만 죽을 때까지 굶주리지 않았다.

윤유성은 여염집 사람인데 빈궁貧窮하고 고독孤獨하며 처자도 없었으므로 과부인 누이동생에게 의지해 살았다. 항상 율곡栗谷 이이李珥(1536~1584) 선생과 중봉重峯 조헌趙憲(1544~1592) 선생을 표준으로 삼았고, 남에게서 물건을 받는 일에 엄정하였다. 한번은 훈련대장訓鍊大將 아무개가 그의 명성을 듣고 후한 물품을 주었으나 물리치고 받지 않았다. 그의 곧은 절개는 모두 이와 같았다.

1-5 무릇 마음을 간사한 데 빠뜨리는 자에게는 반드시 악한 귀신이 따르고, 마음을 바른 데 오로지 쓰는 자에게는 좋은 신령神靈이 따를 것이다.

오직 정진精進하는 힘이 있고 물러서는 마음이 없어야 하며, 원대한 목표가 있고 쉬는 때가 없어야 하는 것이다. 옛날 사람으로 크게 성취한 자 중에도 간혹 머리가 노둔한 사람이 있었으니, 근심할 것이 못된다.

1-6 어버이를 사랑하고 어른을 공경하며, 본심本心을 간직하고 착한 성품을 함양하며, 학문을 부지런히 하고 욕심을 절제해야 한다. 그리고 의관衣冠은 반드시 정제하고 걸음걸이는 반드시 신중히 할 것이며, 말은 경솔하고 야비하게 하지 말고, 앉고 서는 것은 절도 없이 제멋대로 하지 말 것이며, 일을 하는 데에는 공경恭敬으로써 하고 처신하는 데에는 경우 바르게 할 것이며, 허위虛僞를 지어내지 말고 남과 다투지 말 것이다. 그리고 착한 말을 들으면 신분의 비천을 따지지 말고 복종해야 하고, 과실過失이 있으면 조금도 기탄 없이 고쳐야 한다.

1-7 퇴계退溪 이황李滉(1501~1570) 선생이 한성漢城에 살고 있을 때, 이웃집의 밤나무 몇 가지가 담으로 넘어와 밤이 마당에 떨어졌다. 퇴계 선생은 아이들이 주워 먹을까 염려하여 주워서 담 밖으로 던져버렸다.

1-8 원元나라 때 학자 노재魯齋 허형許衡(1209~1281)은 더위에 어느 곳을 지날 때 갈증이 심하였다. 마침 길가에 배나무가 있자 뭇사람이 앞을 다투어 따 먹었으나 허노재만은 단정하게 앉아 있었다.

어떤 사람이 말하였다.

"세상이 어지러우니 여기에는 주인主人이 없습니다."

허노재가 말하였다.

"배나무는 주인이 없더라도 나의 마음에야 어찌 주인이 없겠는가."

1-9 부박한 천부賤夫가 의관을 정제하고 위의威儀를 가다듬는 사람을 보고 미워해 조소하였다.

"저것은 모두 가식假飾이다. 속에는 욕심이 가득하면서 억지로 조심하니 이익 될 것이 없다. 이것은 우리처럼 솔직하여 옷을 벗고 싶으면 벗고 신발을 벗고 싶으면 벗으며, 노래하고 웃고 성내고 꾸짖는 것을 마음 내키는 대로 하고, 식색食色과 재화財貨를 내가 좋아하는 대로 따르는 것만 못하다."

그러나 나는 이렇게 생각한다. 가령 어떤 두 사람이 밥을 마주하였다고 하자. 먹고 싶은 마음은 마찬가지인데, 한 사람은 공경한 태도로 사양하면서 먹고 한 사람은 방자한 태도로 마구 훔쳐 먹는다고 할 때, 먹는 것은 비록 같아도 착하고 착하지 못한 것은 판이하다.

1-10 문예文藝(문학)를 닦아 벼슬하는 일에 조급하여 기운을 상하게 하지 말아야 하고, 비록 바라는 일이 뜻대로 이루어졌더라도 의기양양하지 말아야 한다. 이것이 바로 과거科擧를 보는 선비로서의 올바른 자세인 것이다.

장張 아무개가 아들을 경계한 글에 "과장科場에서 소원대로 안 된 일은 근심할 것이 못 된다. 만일 소원대로 안 되었다고 근심한다면, 소원대로 되었을 때에는 반드시 교만할 것이다."라고 하였다.

1-11 도량度量이 좁고 기질이 사나워 성을 쉽게 내는 자는 사람들이 모두 그를 꺼리고 피하면서 '무서운 사람, 무서운 사람' 하고 서로 손짓을 한다. 또 말이 허황하고 마음이 교만하며 하는 일이 진실하지 못한 자는 사람들이 모두 그를 천시하면서 '믿을 수 없는 사람, 믿을 수 없는 사람' 하고 서로 머리를 내두르니, 그들의 처신이 또한 가엾다.

그러므로 ≪시경詩經≫에 이르기를 "사람 행동은 온순한 사람이 나뭇가지에 앉아 있는 것처럼 한다."라고 하고, 주자朱子는 말하기를 "사람이 성실하지 않으면 하는 일이 다 진실하지 못하다."라고 하였다.

1-12 창문 밑에서 책을 볼 때 바람이 책장을 뒤흔들거나, 부싯돌을 칠 때 부싯돌이 무디어 불이 잘 붙지 않거나, 세 번 정도 시종侍從을 불러도 곧 대답하지 않거나, 밤에 다닐 때 기둥에 머리를 부딪치거나, 행장行裝을 꾸려 떠나려 할 때 비가 갑자기 내리거나, 의원醫員을 맞이

할 때 의원이 일부러 늦게 오거나, 해질 무렵 나루에 당도했을 때 배가
곧 대기하지 않거나 하는 일들을 당할 경우, 곧 성내어 나의 화평한 기
운을 손상해서는 안 되니, 우선 마음을 안정하고서 상황에 알맞게 처
리해야 한다. 이것을 작은 일이라 하지 말라. 모두가 곧 사람을 제대로
만드는 기본인 것이다.

1-13 경솔하고 조급한 사람은 자신이 총명聰明하다고 자부하고, 느리
고 둔한 사람은 자신이 신중愼重하다고 자부한다. 그러나 이는 참된
총명함과 신중함을 모르는 것이다.

1-14 집안 식구가 병을 앓을 때 잘 간호할 방법은 생각하지 않고, 다만
초조한 마음을 견디지 못하여 "처자妻子가 없었더라면 어찌 이런 근심
을 하겠는가. 승려는 처자가 없으니 역시 그가 부럽구나."라고 한다면,
이런 망언은 천리天理를 해치는 것이므로 선비로서 가장 삼가야 할 것
이다.

1-15 병중에는 그 본연의 기상氣象이 다 드러나는 법이니, 그 인간됨
의 여러 특색이 가장 잘 나타난다. 이것은 백 번 시험해도 백 번 다 맞
는다. 병이 심할 때 쓴 약을 잘 참고 먹는 자는 역시 그 굳은 마음을 볼
만하다.

1-16 훌륭한 사람은 술이 취하면 착한 마음을 드러내고, 조급한 사람
은 술이 취하면 사나운 기운을 나타낸다.

1-17 기염氣焰을 토하면 먼저 자신이 타는 법이다.

1-18 기운氣運이 성대하면 마음이 호탕하고, 마음이 호탕하면 뜻이 넘치고, 뜻이 넘치면 행실이 부실하다.

1-19 남다르게 행동하는 처사[索隱行怪]는 당초에 풍속을 바로잡으려는 것이었으나 그 말폐는 험악하게 되고, 남을 따라 하는 행동[和光同塵]은 당초에는 자신을 보전하려는 것이었으나 그 폐단은 비루하게 된다.

　선현先賢의 말씀에 "남과 매우 다른 행동을 해서도 안 되지만 또한 남과 구차하게 함께하는 것도 안 된다."라고 하였으니, 의미가 있도다, 이 말씀이여.

1-20 남의 말을 따라 동조하는 듯 말하는 것은 겸손한 행동이 아니요, 이미 말하고 나서 금방 다른 말을 하는 것은 지조 있는 태도가 아니다. 이 두 가지 일은 식견이 없고 자기 이익에 치우친 짓이다.

1-21 공손함은 비록 착함의 표적이 되나, 분수에 넘쳐 그 근본을 잃으면 그 폐해는 비루하고 간사하게 된다.

1-22 일생 동안 교활하고 음험한 행동을 하면 죽을 때 어찌 뉘우침이 없겠는가.

1-23 강한 사람은 스스로 성인聖人인 체하는 데서 패망하고, 약한 사

람은 스스로 중도 포기하는 데서 실패한다.

1-24 믿는 데가 있어 교만을 부리는 자는 식견이 모자란 천한 사람이
요, 믿는 데도 없이 교만을 부리는 자는 어리석고 사리事理를 모르는
사람이다.

1-25 잠깐 음흉한 마음을 드러내는 때가 바로 큰 도적이 될 근원이요,
남을 속이고 사람을 죽일 조짐인 것이다.

1-26 인정人情에 가깝지 않은 행동은 천리天理에 가장 어긋나는 것
이다.

1-27 마음에 딴 생각을 품고 말을 하게 되면 그 말이 궁색하고, 말 내
용에 풍자하고 기롱譏弄하는 뜻이 많게 되면 자기 마음부터 격동되는
법이다.

1-28 부러워하는 마음과 꺼리는 마음은 서로 안팎이 되니, 먼저 부러
워하는 마음을 제거해야 꺼리는 마음이 따라서 없어질 수 있다.

1-29 부끄러워하고, 분발하고, 두려워하고, 뉘우치는 것은 사람이 되
는 터전인 것이다.

1-30 얼굴을 찡그리며 마음이 우울한 기상을 갖는 자는 마음이 항상
불만스럽기 때문에 남을 곧잘 탓하고 따라서 남도 역시 그를 미워하게

되며, 허허 웃고 태연한 기상을 갖는 자는 마음이 항상 원만하기 때문에 남을 곧잘 사랑하고 남도 역시 그를 공경하게 된다.

1-31 형편이 그다지 춥고 배고픔에 허덕일 지경도 아닌데, 남의 물건을 보기만 하면 곧잘 구걸하는 사람은 참으로 천한 사람이다.

1-32 욕심이 적은 사람은 죽어도 여한이 없고, 살아도 부질없는 걱정이 없다.

1-33 자고로 재물에 인색한 대인大人은 없고, 재주가 둔한 소인小人은 없다.

1-34 검소한 자는 자기 쓰는 것을 절약하기 때문에 항시 여유가 있어서 남을 돕고, 사치스런 자는 자기를 위해 쓰는 것이 후하기 때문에 항시 부족해서 남에게 인색하다.

1-35 지위가 높을 때 아랫사람을 생각하고, 부자일 때 남 구제할 것을 생각하고, 천할 때 분수 지킬 줄 알고, 가난할 때 자신의 본분을 지킬 줄 안다면 누가 그를 군자君子라 하지 않겠는가.

1-36 자신의 몸가짐을 깨끗이 하고 온화한 마음으로 남을 대하면 모든 것이 길할 것이다.

2. 말하기

2-1 말할 때는 소곤거려도 안 되고, 지껄여도 안 된다. 또 산만하게 해도 안 되고, 지체해도 안 되고, 길게 끌어도 안 되고, 뚝뚝 끊어지게 해도 안 된다. 뿐만 아니라 힘없이 해도 안 되고, 성급하게 해도 안 된다.

2-2 기쁠 때는 말이 아첨하는 투가 되기 마련이요, 화를 낼 때는 말이 과격해지기 마련인데, 그것은 내가 경험해서 잘 알고 있다.

2-3 물 가져 오너라, 불 가져 오너라 하고 호령하는 소리나 아랫사람을 부르는 소리는 가늘고 길게 하지 말고 번거롭고 사납게 하지도 말라.

상사喪事에 울 때의 소리는 촉급하여 헐떡거리듯 하지 말고 느슨하여 하품하듯 하지도 말라.

그리고 너무 고운 목소리로 노랫가락처럼 하지도 말고 너무 촌스러운 목소리로 부르짖지도 말라. 또 듣는 사람이 놀라게 소 울음소리나 말 울음소리처럼 하여 아낙네나 어린애들의 비웃음을 초래하지도 말라.

'애고'라는 곡哭 소리는 끊어지기 쉬우니, '애애'라는 한 가지의 소리가 곧장 마음속에서 우러나와 애통해하는 소리가 멎지 않는 것만 못하다.

2-4 거처하는 집이 이웃에 바짝 붙어 있거나 한길 가에 있으면 웃음 소리나 성내는 소리를 크게 해서는 안 된다. 이웃 사람이 귀를 대고 듣 거나 길 가는 사람이 걸음을 멈추고 들음으로써 비방하는 소리가 시 끄럽게 일어날까 염려되기 때문이다.

2-5 말이 많으면 위엄威嚴을 상하고 정성이 부족하게 되며, 기운을 해 치고 일을 그르친다.

2-6 좋은 말도 지루하면 듣는 사람이 오히려 싫어하는데, 하물며 나 쁜 말을 많이 함에랴.

2-7 아랫사람을 시켜서 남에게 무엇을 물을 때에는 말이 번다해서 는 안 된다. 아랫사람이 반드시 그 말을 다 전하지 못할 것이며, 일 만 지체될 뿐이다.

2-8 무릇 언어言語에 있어서는 장황하게 서론을 늘어놓지 말라. 이는 마치 문장에서 머리말을 많이 나열하는 것과 같은데, 듣는 사람으로 하여금 싫증을 느끼게 한다. 언어란 자세하고 간명해야 가치가 있는 것이니, 반복과 번쇄를 피해야 한다.

2-9 욕 같은 속된 말이 한 번 입에서 나오면 선비의 품행이 즉시 떨어 진다.

2-10 남을 '이놈', '저놈'이니 '이 물건', '저 물건'이라 칭하지 말고, 아

무리 비천한 자일지라도 화가 난다 하여 '도적'이니 '개돼지'니 '원수'니 하고 칭하지 말며, 또는 '죽일 놈'이니 '왜 죽지 않는가' 하고 꾸짖지도 말라.

2-11 한 가지 일이 뜻대로 되지 않는다 하여 화를 왈칵 내어 나는 죽어야 한다느니, 저 사람을 죽여야 한다느니, 이놈의 천지天地 무너져야 한다느니, 이놈의 국가 망하여야 한다느니, 떠돌아다니며 빌어먹을 놈이라느니 하는 따위의 막말을 해서는 안 된다.

2-12 경박스런 말이 입에서 튀어나오려 하거든 빨리 가슴을 짓눌러서 입 밖에 튀어나오지 못하게 하라. 남에게 모욕을 받고 피해가 따르게 될 터이니 어찌 두렵지 않은가.

2-13 말끝마다 농담을 하면 마음이 방탕해지고 일마다 실속이 없으며, 남들도 깔본다.

2-14 벼슬아치의 득실得失에 대한 일을 계속 말하는 것은 자신의 마음이 반드시 편안치 못할 뿐더러, 또한 듣는 사람으로 하여금 마음을 요동하게 하는 일이다. 그러므로 군자君子는 영리榮利를 자주 말하지 않고 담박함을 달게 여긴다.

2-15 음담패설淫談悖說, 도리에 안 맞는 말, 허황된 말, 남을 헐뜯는 말, 남을 속이는 말, 도道에 지나치게 가혹한 말, 과장된 말, 원한이 섞

인 말 등을 듣거든 같이 대화하지 말고 슬금슬금 물러서라.

2-16 어떤 이야깃거리를 어떤 사람에게 신나게 말하고, 후일에 또 그 사람을 만나서 전에 말한 것을 잊고 다시 하는 둥 여러 번 반복하면 그 사람은 반드시 싫증을 느낄 것이다. 이것은 총명이 부족한 소치이기도 하지만 마음이 거친 병통이기도 하다.

2-17 여러 사람과 앉아서 옛일이나 색다른 얘기를 함에 있어서는 반 드시 줄거리만 간추려 이야기해야 할 것이다. 또 먼저 들은 사람이 있 으면 이러이러한 사실을 그대들은 들었는가 물어서, 들었다면 중요한 부분만 대강 말해서 동이점同異點을 알려줄 뿐이며, 처음부터 끝까지 다 말하여 지루하게 해서는 안 된다.

2-18 남이 옛일이나 색다른 얘기를 할 때에는 이미 들은 것이라도 그 가 신나게 말하거든 끝까지 자세하게 들을 것이며, 중간에 가로막고 이러쿵저러쿵하며 "나는 벌써부터 자세히 아는 일인데, 그대는 이제 야 들었구려."라고 말해서는 안 된다.

2-19 남의 말을 들을 때는 비록 내가 아는 것과 다르다 하더라도 내가 알고 있는 것을 고집하여 열을 올려 남을 꺾으려고 떠들어대서는 안 된다.

2-20 남이 혹시 망령된 말을 했더라도 만날 때마다 그 말을 꺼내 조

롱하거나 다른 사람에게 퍼뜨려서도 안 된다.

2-21 남의 말을 들을 때는 번쇄하고 시끄럽더라도 정신을 가다듬어 대략을 귀담아 듣고 싫증을 느끼며 듣지 말라.

2-22 여럿이 모인 자리에서 이야기할 때에는 일일이 살펴서 좌중座中의 분위기를 대략 알아야 한다. 말할 때 듣는 자가 무심히 듣거나 또는 다른 일에 끌려서 건성으로 듣거든 이야기를 중지해야 옳다. 다른 사람이 자기의 말을 듣지 않는 것도 살피지 않고 끝까지 말하는 자는 역시 성격이 세밀한 사람이 아니다.

2-23 유학儒學을 공부하는 학생인 유생儒生을 보고 과거科擧에 대한 말로 충동시켜서도 안 되고, 과거는 불가능하다고 위협을 주어서도 안 된다. 아, 한 번의 과거로 어찌 사람의 무게를 달겠는가.

2-24 조정朝廷의 정령政令과 친지親知의 과실過失은 함부로 말해서는 안 된다. 이 말이 한번 퍼지면 조정에서는 반드시 벌을 줄 것이요, 친지는 도리어 원수가 될 터인데, 그때 가서 나는 어떻게 그 죄를 사과할 것인가를 미리 생각하라. 이처럼 항상 생각하면 과실이 적을 것이다.

2-25 사대부士大夫의 당파, 남의 집 혼인 내역, 당세 명류名流들의 문학의 고하高下, 친구의 숨은 잘못, 국가의 재난 등 함부로 말하기 어려운 일은 여러 사람이 모인 자리에서 자청 강개지사慷慨之士라 하면서

함부로 입을 놀리지 말라.

2-26 나의 용모가 잘생긴 것을 자랑하지도 말고 남의 용모가 잘생긴 것을 아첨하여 칭찬하지도 말며, 남의 용모가 못생긴 것을 헐뜯지도 말라.

2-27 남의 과실을 몰래 말하다가 본인이 마침 문에 들어오면 그 부끄러움을 어떻게 하겠는가. 그러므로 군자는 말을 헤프게 아니하고, 남을 평評하는 일에 반드시 삼가는 것을 중요하게 여긴다.

2-28 친척의 결혼 피로연에 참석했을 때 그 집 사위나 며느리의 잘나고 못난 것을 망령되이 논하지 말라.

2-29 자녀가 이미 결혼을 하였거든, 전일에 사윗감이나 며느릿감으로 거론되었던 사람을 절대로 말하지 말라.

2-30 친척이나 친구가 고을의 수령守令이 되었을 때, 축하에 쓸 비용의 다소多少를 묻지 말고 마음껏 축하하라.

2-31 여름에 솜옷을 입은 사람이 한자리에 앉아 있으면 아무리 덥더라도 덥다고 말하지 말고, 홑옷을 입은 사람을 보면 아무리 추운 겨울이라도 춥다고 말하지 말며, 굶주린 사람을 보고 밥을 먹을 때에는 음식의 간이 맞지 않은 것을 절대로 불평하지 말라.

2-32 어른이 신분이 낮은 자나 어린이의 잘못에 화를 내어 자꾸 꾸짖

어 그치지 않을 때는, 그들이 실제로 잘못을 저지른 것이 있더라도 자제들은 그것을 기회로 어른에게 아첨하여 과장하거나 고자질하여 어른의 화를 조장해서는 안 된다. 다만 온후溫厚한 말로 잘 주선하여 어른이 과오를 더 범하지 않게 해야 한다.

3. 의복과 음식

3-1 아무리 나쁜 의복이나 음식일망정 조금도 싫어하거나 부끄러워하는 마음이 없어야 한다.

3-2 남이 가진 공복公服과 군장軍裝을 공연히 입어보아서는 안 된다. 그것은 아무리 장난치는 일일지라도 체통을 잃음이 매우 크다.

3-3 여러 사람과 앉았다가 무슨 일이 있어 먼저 나올 때 신짝이 뒤섞여 있더라도 반드시 자기 신을 신고 남의 좋은 신을 신지 말라.

3-4 부귀한 집 자제로서 거친 밥을 맛있게 먹는 사람은 좋은 사람이요, 일반 백성百姓으로서 기장, 피, 보리, 콩 등 잡곡밥을 잘 먹지 못하는 사람은 크게 상서롭지 못한 사람이다. 천하에 어찌 먹지 못할 곡식이 있겠는가. 오직 쉬고 썩은 밥이나 설고 딱딱한 밥이나 겨와 모래가 섞인 밥, 벌레나 짐승이 먹고 남은 것만은 먹을 수 없는 것이다.

　내가 일찍이 보건대 음식을 가려 먹는 사람은 굶어 죽은 일이 많고, 그렇지 않으면 성질이 변하여 더러운 밥도 가리지 않고 먹는 자가 있다. 또는 옛 버릇을 고치지 않고 맛있는 것만 먹음으로써 그것을 구차하게 마련하기 위하여 옳지 못한 마음을 품으니 어찌 그렇게도 혼미한가. 나쁜 버릇 중에는 혹 쉽게 고치지 못할 것도 있으나, 오직 음식

가리는 이 습성만은 고치기 어렵지 않은 것이다.

3-5 아무리 바쁜 일이 있더라도 밥상이 나오면 즉시 들라. 지체해서 음식이 식거나 먼지가 앉게 해서는 안 된다. 또한 함께 식사할 자들로 하여금 먼저 먹지 못하고 기다리게 해서도 안 된다. 또는 집안의 종이나 어린 것들이 혹시 그 남은 음식으로 조석朝夕을 때우리라는 것을 생각하면 속히 먹지 않을 수 없는 일이다. 남의 집에 가서 식사할 때에는 더욱이 지체해서는 안 된다.

3-6 그리고 아무리 성낼 일이 있더라도 밥을 대했을 적에는 반드시 노기怒氣를 가라앉혀 화평和平한 마음을 가져야 한다. 그리고 소리 지르지도 말고, 숟가락과 젓가락을 왈칵 놓지도 말고, 한숨 쉬지도 말라.

3-7 집안사람이 병病을 앓고 있을 경우, 내가 부득이한 일로 남의 집에 갔을 때, 주식酒食이 나오거든 잔뜩 취하거나 마냥 배부르게 먹고 오래도록 집에 돌아오지 않아서는 안 된다. 집안사람이 굶주리고 있을 경우에도 마찬가지다.

3-8 집에 색다른 음식이 있거든 아무리 적어도 노소老少 귀천貴賤 간에 고루 나누어 먹음으로써 화기애애하게 하라.

3-9 살찐 소, 개, 돼지, 닭을 보고 잡아먹자는 말을 하지 말라.

3-10 금법禁法을 어기고 사사로이 잡은 쇠고기를 사서 제사祭祀에 써

서는 안 된다.

3-11 평생 음식을 즐겨 많이 먹고 남을 대할 때마다 먹은 수를 헤아려 가면서 과장하는 것은 점잖은 사람이 아니다.

3-12 남과 함께 있을 때 마침 어떤 사람이 술과 음식, 과일을 주거든 반드시 고루 나누어 먹어야지, 혼자 먹거나 또는 옆 사람이 혹시 달라고 할까 봐 바삐 싸서 넣거나 해서는 안 된다. 탐식貪食하는 사람은 음식을 오래 갖고 있다가 쉬고 곰팡이가 나면 땅에 버릴지언정, 차마 남에게 주지 않는데, 이것은 인정人情에 가깝지 않은 일이다. 모름지기 이런 일은 빨리 고쳐야 한다.

3-13 먹고 남은 밥에 물을 부은 것이나 고깃국, 그리고 국수나 죽은 남에게 주지 말라. 남이 그 깨끗하지 못함을 싫어하거나 혹은 버릴까 싶어서이다. 그러므로 미리 음식을 헤아려 알맞게 먹고 남기지 않도록 하고, 물에 만 밥은 특히 밥알 하나라도 버리지 말아야 한다.

3-14 무나 참외를 먹다가 남을 줄 때에는 반드시 칼로 이빨 자국을 깎아버리고 주어야 한다.

3-15 새우젓이나 굴젓, 조기젓이나 전어젓은 모두가 썩혀서 그 냄새로 맛을 이룬 것이다. 그래서 자기는 비록 그것을 즐기지만 남과 같은 상에서 밥을 먹을 때에 남이 만약 그것을 싫어하거든, 물을 만 밥과 함

께 마구 먹어서는 안 된다.

3-16 만일 술을 마실 경우, 전일에 혹 취하여 실수를 했거나 과음過飮으로 인해 병이 났으면, 매양 술자리를 대할 때마다 반드시 실수하고 병이 났던 전일의 일을 크게 반성하고 명심하며 경계하여 약간 얼근하면 빨리 그만둘 것이요, 마구 마셔서 정신을 어지럽혀 다시 전일의 잘못을 되풀이하는 지경에 이르지 않아야 한다. 취할 듯 말 듯 할 때에 과음하기 쉬운 것이니, 이때에 깜짝 놀라 얼른 술잔을 놓는 것이 좋다.

3-17 남에게 술을 굳이 권하지 말 것이며, 어른이 나에게 굳이 권할 때 아무리 사양해도 안 되거든 입술만 적시는 것이 좋다.

3-18 음식이 나오는 모임에는 잘 살펴서 참석하라. 그렇지 않으면 그 음식이 어디에서 나오고, 또 모이는 자들이 누구누구인가를 알 수 없기 때문이다.

3-19 남의 연회에 참석했을 때는 음식이 시다느니 짜다느니 품평品評하지 말고, 돌아온 뒤에도 음식의 아름답지 못한 것을 흉보지 말라.

3-20 주인은 육식肉食하고 손님에게는 채식菜食을 대접하는 것은 아름다운 일이 아니다. 있으면 있는 대로 없으면 없는 대로 후박厚薄을 함께해야 한다. 혹시 주인이 늙고 병이 있을 경우에는 혼자 쌀밥과 고기를 드는 것도 불가한 일이 아니기는 하나, 미리 집사람을 단속하여

차별 있게 차리지 않도록 해야 한다. 만일 주인이 육식하기 위해서 손님을 따로 식사하게 하는 것도 순후한 풍속이 아니다.

또한 손님과 동년배라 하여, 혹은 손님보다 조금 나이가 많다 하여 주인이 먼저 밥상을 받는 경우도 있는데, 이는 오랑캐의 풍속이다. 이런 것조차 살피지 못한다면 무슨 일을 할 수 있겠는가.

3-21 술과 음식을 가지고 서로 즐기는 것은 아름다운 일이다. 그러나 친구 중에 혹시 장만하기를 싫어하는 자가 있을 때에는 억지로 장만하게 해서는 안 된다. 강제로 청하여 억지로 얻어먹는 뜻을 노출시키는 것은 사소한 일이 아니요, 행실行實에 위반됨이 매우 큰 것이니 경계하라.

3-22 남과 한 식탁에서 식사할 때는 자기가 먹고 싶은 고기나 떡 같은 것이 비록 집어 먹기 거북스런 곳에 있다 하더라도 자기 앞으로 당겨놓지 말라. 각기 한 상을 받았을 적에는 자기 몫을 다 먹고 나서 남이 먹던 것을 더 먹지 말라.

3-23 여러 사람이 한 식탁에서 함께 밥을 먹을 때에는 쭈그리고 앉아서 움켜다 먹지 말고, 비록 앞이 가리더라도 갓(笠子)을 벗지 말며, 남들은 혹시 식탁 사방에 있는 음식을 다투어 가져다 먹더라도 나는 내 앞에 있는 것만 서서히 가져다 먹을 것이다.

3-24 남과 함께 회膾를 먹을 때에는 겨자를 많이 먹음으로써 재채기

해서는 안 되며, 또한 무를 많이 먹고 남을 향해 트림하지 말라.

3-25 남과 함께 식사할 때에는 종기, 설사 등 더러운 얘기를 하지 말고, 남이 식사를 끝내기 전에는 아무리 급하더라도 변소에 가지 말라.

3-26 건육乾肉과 건어乾魚 따위는 자꾸 냄새 맡지 말라.

3-27 무릇 어포魚脯나 떡 등 쉬거나 곰팡이가 나 변하기 쉬운 물건은 책 담는 상자나 그림 넣는 궤 속에 섞어두어서는 안 된다.

3-28 소의 간, 천엽, 콩팥 회膾를 마구 먹어 밥 기운을 이기게 해서는 안 된다. 그것은 피비린내 나는 것이 싫기 때문이다.

3-29 기름기 있는 고깃국 등은 숟가락으로 떠먹어야지 김치나 간장, 그리고 밥을 만 물에 휘저어서 기름이 엉겨 뜨게 해서는 안 된다. 그것은 불결한 노린내 나는 것이 싫기 때문이다.

3-30 탁한 국에 밥을 말아서는 안 되니, 잡되게 섞이는 것이 좋지 않기 때문이다.

3-31 국으로 끓인 물고기는 숟가락이나 젓가락으로 뒤적거려 뭉기지 말고, 국수를 먹을 때는 입에 드리운 국수 가닥을 어지럽게 물에 떨어뜨리지 말고, 밥을 먹다가 모래가 씹히면 상에 뱉지 말고, 물고기 뼈를 김치나 장醬에 떨어뜨리지 말라.

3-32 상추·취·김 따위로 쌈을 쌀 적에는 손바닥에 직접 놓고 싸지 말라. 그것은 점잖지 못한 행동이 좋지 않기 때문이다.

쌈을 싸는 순서는 반드시 먼저 숟가락으로 밥을 떠서 그릇 위에 가로놓은 다음, 젓가락으로 쌈 두세 잎을 집어다가 떠놓은 밥 위에 반듯이 덮은 다음, 숟가락을 들어다 입에 넣고 곧 장을 찍어 먹는다. 그리고 입에 넣을 수 없을 정도로 크게 싸서 볼이 불거져 보기 싫게 하지 말라.

3-33 생선의 경우 남은 뼈는 빨지도 말고 씹지도 말라. 또 꿩 다리는 씹어서 꺾지 말라. 그 뼈에 찔릴까 염려되기 때문이다. 쇠갈비도 씹어서 깨지 말라. 뭉그러져 물이 튈까 싶어서다. 게 껍질에 밥을 담아 먹지 말라. 조잡한 행동에 가깝기 때문이다.

3-34 생선이나 고기, 과일, 채소 따위를 칼끝으로 꽂아서 입에 넣지 말고, 남에게 입을 벌리고 받게 하지도 말라.

3-35 참외를 먹을 때는 반드시 칼로 조각을 내서 먹어야 하고, 동시에 물이 튀지 않게 먹어야 한다. 수박을 먹을 때는 씨를 자리에 뱉지 말고, 입으로 씨를 가려내지 말라. 그것은 입과 손이 모두 바른 태도를 잃는 것이 좋지 않기 때문이다.

3-36 무·배·밤 등을 먹을 때에는 자꾸 씹어서 싹싹 소리가 나게 하지 말고, 국수·국·죽 같은 것을 먹을 때에는 한 번에 많이 마셔서 꿀

껄 소리가 나게 하지 말고, 물을 마실 때에는 목구멍에서 꿀럭꿀럭 소리가 나게 하지 말라.

3-37 음식을 먹을 때에는 싫어하는 것처럼 너무 느리게 씹지도 말고, 쫓기는 것처럼 너무 급하게 씹지도 말며, 젓가락으로 소반小盤을 딱딱 치지도 말고, 또 숟가락으로 그릇에 부딪치어 소리 내지도 말라.

3-38 밥 먹을 때에는 기침하지도 말고 웃지도 말며, 다 먹고 나서는 하품하지 말며, 식사 끝난 뒤에 숭늉 마시고 나서 다시 반찬을 먹지 말라.

3-39 밥 먹을 때 숟가락으로 김치 국물이나 간장을 떠먹어보는데, 맛이 싱거우면 서너 번 정도 떠먹는 것은 좋으나, 일고여덟 번 정도 너무 자주 떠먹는 것은 역시 점잖지 못하다.

3-40 술이 아무리 독하더라도 눈살을 찌푸리고 못마땅한 기색氣色을 해서는 안 된다. 그리고 빨리 마셔도 안 되고, 혀로 입술을 빨아서도 안 된다.

3-41 밥이나 국이 아무리 뜨거워도 입으로 불지 말고, 콩죽이나 팥죽은 숟가락으로 저어서 묽게 하지 말라.

3-42 김치 쪽이 한 입에 먹을 수 없게 크거든 젓가락으로 자르거나 씹어 잘라서 그 나머지를 제자리에 도로 갖다 놓지 말고 따로 밥상의 빈 그릇에 두고 남김없이 다 먹으라.

4. 행동

4-1 군자君子는 행동에 있어서 우아하고 단정하며, 민첩하면서 여유가 있어야 된다.

4-2 인仁이란 생생生生, 즉 생명을 북돋우는 것을 말하는 것이다. 군자가 인도仁道를 체득하면 어찌 잠시인들 생생이 없으리오. 말을 할 때 조리條理가 없으면 생생이 아니요, 의복을 단정하게 입지 않아도 생생이 아니다.

4-3 어디 들어갈 때나 나올 때, 어디 참석할 때나 물러나올 때 행동을 침착하게 해야지, 소나기나 회오리바람처럼 급하게 해서는 안 된다.

4-4 말할 때에는 몸을 흔들지도 말고 머리를 흔들지도 말고 손을 흔들지도 말고 무릎을 흔들지도 말고 발을 흔들지도 말라. 또 눈을 깜빡이거나 눈동자를 굴리지도 말고, 입술을 삐쭉거리거나 입가에 침거품을 흘리지도 말며, 턱을 받치지도 말고 손으로 입 부분을 가리지도 말고 수염을 쓰다듬지도 말라. 또 혀를 내밀거나 손바닥을 치거나 손가락을 튀기거나 팔뚝을 걷거나 하지 말라.

4-5 부채를 휙휙 휘젓지 말고, 신발을 직직 끌지 말라.

4-6 세수할 때에는 입과 코에서 소리가 나지 않게 하며, 또는 자리에 물을 흘리지도 말고, 벽에 물을 뿌리지도 말고, 얼굴을 예쁘게 하기 위해 화장을 더디게 하지도 말라.

4-7 군자가 거울을 보고서 의관衣冠을 정제整齊하고 위의威儀를 가다듬는 것은 요염한 자태를 꾸미기 위한 일이 아니다. 혹 거울을 늘 손에 쥐고 눈썹과 수염을 매만지며 날마다 고운 자태를 일삼는 자가 있는데, 이런 짓은 부녀婦女의 행동인 것이다.

4-8 옛날 어떤 천한 사내가 거울을 보고서 찡그리기도 하고 웃기도 하는 등 온갖 모습을 짓다가 그중에서 남의 이목을 기쁘게 할 수 있는 태도를 택해서 습관적으로 용모를 꾸미는 일이 있었다. 남들은 그를 사랑했지만, 선비가 그 같은 사람을 본받아서는 안 된다.

4-9 세속에서는 이마의 털이 일찍 벗겨지는 것을 출세하는 상相으로 여기어, 머리털이 빨리 벗겨지지 않은 것을 못마땅하게 여겨서 상투를 틀고 망건網巾을 맬 때 잔뜩 조여 매어 빨리 벗겨지기를 바라는데, 이는 부모가 남겨준 몸을 공경해야 할 줄을 모르는 처사인 것이다.

4-10 마음에 없는 웃음을 억지로 웃지 말고 까닭 없이 격분하지 말며, 일에 앞서 의심나는 것이 없도록 하고 때가 지난 뒤에 공연히 후회하

지 않도록 하라.

4-11 말하기 전에 웃거나 웃음소리가 교묘한 것은 음란한 태도에 가깝다. 웃을 경우 배를 거머쥐고 몸을 가누지 못할 정도로 웃어서도 안 된다.

4-12 눈을 깜빡거리고 입술을 비쭉거리는 것이 비록 작은 일이기는 하나, 그것이 만일 남을 비웃거나 감정을 촉발시키려고 그러는 것이라면 마음의 병인 것이다.

4-13 무릇 활을 쏘려고 힘쓸 때에는 입을 꽉 다물거나 눈살을 찌푸리지 말고, 머리를 숙이거나 발로 땅을 구르지 말라.

4-14 절할 때에는 무릎에서 뚝딱 소리가 나게 해서는 안 된다.

4-15 꿇어앉을 때에는 손가락으로 몸을 버티지도 말고, 발등을 겹치지도 말고 엉덩이를 뒤로 쑥 빼지도 말고, 발을 틀어 밖으로 향하게 하지도 말라.

4-16 말을 탈 때에는 고삐를 단단히 붙잡고 어깨를 치켜들지 말며 등을 굽히지 말고 배를 내밀지도 말며, 발을 등자鐙子에 깊이 넣지 말라.

4-17 좋은 말을 타거나 새로운 옷을 입었다고 이리저리 돌아다니며 자랑하는 태도를 짓지 말라.

4-18 비록 나귀가 있다 하더라도 이웃에 갈 때 타서는 안 된다.

4-19 도보로 큰길을 갈 때에는 반드시 가장자리로 가고 한가운데로 걸으면서 거마車馬를 이리저리 피하지 말라. 그리고 빨리 걷지도 말고 너무 천천히 걷지도 말고 팔뚝을 흔들지도 말고, 소매를 드리우지도 말라. 또 등을 굽히지도 말고, 가슴을 툭 튀어 나오게 하지도 말고, 머리를 이리저리 돌리면서 무엇을 가리키지도 말고, 좌우로 흘끗흘끗 보지도 말라.

느리게 신을 끌어 뒤축이 끄덕끄덕 흔들리게 하지도 말고, 발을 아무렇게나 올렸다 내렸다 무질서하게 하지도 말고, 머리를 위아래로 올렸다 내렸다 하지 말라. 다만 해가 얼마나 남았는가를 보아서 걸음의 완급만 조정하라.

4-20 길 가다가 떨어진 불을 발견하거든 반드시 끄고, 엎어진 신짝을 보거든 뒤집어놓고, 떨어진 종이쪽을 보거든 반드시 줍고, 흘린 쌀을 보거든 반드시 쓸어라.

4-21 입으로 방향을 가리키지 말고, 발로 물건을 옮기지 말라.

4-22 일 없을 때 줄곧 뜰을 방황彷徨하기도 하고 이리저리 왔다 갔다 하기도 하는 행동은 또한 마음에 줏대가 없는 병통病痛이다.

4-23 글을 읽다가 옛사람이 나라를 위해 충성을 다하고 정의를 위해

목숨을 아끼지 않았던 대목을 만나면, 마땅히 비분강개한 마음으로 눈물까지 흘리면서 마치 자신이 직접 그 일을 당한 것처럼 해야 한다. 그리고 하나의 이야기로만 스쳐보지 말고 두고두고 생각하여 비록 나라에 몸은 바치지 않았을망정 나라에 만일 난리亂離가 있으면 정의를 위해 절개를 지키고, 죽음으로써 나라의 은혜를 저버리지 않을 것을 기약해야 한다.

4-24 정신이 손상되도록 글을 읽고, 기운이 소모되도록 말을 하는 자는 실속이 없는 사람이다. 하물며 성인聖人의 글이 아니고 허무맹랑한 말임에랴.

4-25 아, 글 읽는 선비의 과실이 때로는 어리석은 사람보다 심함이 있으니, 그것은 잘못을 꾸미기 때문이다.

4-26 사람들은 사물事物이 이치理致에 어그러짐이 재난인 줄만 알고, 일이 이치에 어긋남이 재난인 줄은 모른다. 큰일은 고사하고라도 눈을 단정히 뜨지 않으면 눈의 재난이요, 입을 함부로 놀리면 입의 재난이니, 통틀어 말하면 한 몸의 재난인 것이다. 사람마다 이치를 어기면 천하의 재난이 이보다 큰 것이 있겠는가.

4-27 우리나라 선현先賢 유형원柳馨遠(1622~1673)은 이렇게 말하였다.
"도道에 뜻을 두고도 제대로 행동거지를 확립하지 못하는 것은 기질氣質로 인해서 게으르기 때문이다. 그렇게 되면 일찍 일어나고 늦게 자는 일을 잘하지 못하고, 의관衣冠을 바르게 쓰고 태도를 의젓하게 하는 일도 잘하지 못한다. 뿐만 아니라 어버이를 섬길 때 얼굴빛을 온화하게 하는 일도 잘하지 못하고, 집에 있을 때 공경스럽게 식구들을 서로 대하는 일도 잘하지 못한다."

4-28 우리나라 선현 남명南冥 조식曹植(1501~1572)은 이렇게 말하였다.

"정암靜庵 조광조趙光祖(1482~1519) 선생은 용모가 옥玉같이 아름다웠으므로 사람들이 좋아하고 사모하였다. 선생이 젊었을 때 어느 객사客舍에 들러 머리를 빗고 있었는데 때마침 어떤 젊은 여자가 서울에서 오다가 선생을 보고 점점 가까이하면서 가지 않았다. 선생은 행여 그녀가 잠자리에 침입할까 염려하여 곧 그곳을 떠나 다른 집으로 옮겼다."

서양 사람 방적아龐迪峨(Diego de Pantoja)는 이렇게 말하였다.

"옛날 어떤 소년이 여색女色을 탐하다가 뒤에 뉘우치고 여자관계를 끊으려 깊숙이 들어앉아 학문을 닦았다. 몇 년 만에 돌아오는데, 길에서 전에 알던 여자를 만났다. 그녀가 괴이하게 여기면서 '나는 옛날 아무개인데 그대가 아는 체하지 않는 것은 무슨 이유인가?' 하고 물었으나, '나는 옛날의 아무개가 아니다.'라고 대답하고 돌아보지 않고 가버렸다."

이상 두 가지 일은 엄정하므로 본받을 만하다. 이렇게 하지 않으면 여색을 제어하기가 매우 어렵다.

4-29 장가든 새 신랑에게 다리를 매달고 함부로 때리고 무례한 말을 마구 하며 술과 음식을 억지로 받아내는 것은 좋은 일이 아니다. 이것은 좋지 않은 풍속風俗이다.

4-30 손님이 혹시 거북스런 음담패설淫談悖說을 잘하는데, 자제子弟가 같은 자리에 있거든 일부러 일을 시켜 밖에 내보내 듣지 못하게 하라.

4-31 여러 사람이 모인 자리에서는 남과 더불어 귀에 대고 소곤거리는 말을 하지 말라.

4-32 남의 집에 오래 앉았다가 밥이 나오면 주인이 숟가락을 들기 전에 사양하고 물러나와야 한다.

4-33 손윗사람이 밥상을 대하고 있거든 갑자기 절하지 말라.

4-34 밥상을 받을 때나 손님을 대할 때는 눈곱을 뜯지 말고, 콧물을 닦지 말라.

4-35 몸에 종기가 있을 경우 남이 보는 앞에서 문질러서는 안 되고, 발이 부르텄거나 혹은 티눈이 박혔을 경우도 남이 보는 앞에서 침으로 따서는 안 된다. 그 더러움을 보이는 것이 좋지 않기 때문이다.

4-36 혹시 종기를 앓거든 아무리 과일이나 고기라 할지라도 직접 손으로 가져다 남에게 주어서는 안 된다. 그리고 비록 묵은 병을 앓고 있

더라도 항시 깨끗이 청소하여 더러운 기운이 나지 않게 하라.

4-37 남의 누추한 방에 들어갔을 때 아무리 앉기가 거북스럽더라도 코를 가리거나 눈살을 찌푸리거나 금방 나와버리거나 하지 말라. 이런 정도를 견디지 못하면 이보다 큰 것에는 어떻게 하겠는가.

4-38 남이 보는 앞에서는 가려운 데를 긁지도 말고, 이를 쑤시지도 말고, 귀를 후비지도 말고, 손톱을 깎지도 말고, 때를 밀지도 말고, 땀을 뿌리지도 말라. 또 상투를 드러내지도 말고, 버선을 벗지도 말라.

4-39 비에 옷이 젖었거든 갑자기 남의 방에 들어가지 말고, 옷이나 갓에 덮인 눈을 정결한 곳에 털지 말라.

4-40 남의 집에 갔을 때 어떤 손님이 앞서 편한 자리에 앉아 있다가 먼저 일어나 가거든 냉큼 그 자리에 앉지 말라. 그런 행동은 그 자리를 뺏는 것이나 마찬가지다. 좁은 방일 경우에는 예외이다.

4-41 남의 집에 가거든 소장된 책과 서예작품, 기물器物을 보자고 요구해서는 안 된다. 만일 남에게 보일 수 있는 것이 아니라면 주인만이 황송하고 부끄러울 뿐만 아니라, 나의 마음도 불안할 것이 아니겠는가. 경계하고 경계하라.

4-42 남의 집에 갔을 때에는 머리를 돌리고 눈알을 굴리며 사방 벽을 바삐 보거나 책을 마구 빼보고 기물을 함부로 건드리는 일을 해서는

안 된다. 주인이 굳이 말리는데도 여전히 하는 것은 결코 씩씩한 선비가 아니다.

4-43 남의 집에서 잘 때는 반드시 주인이 먼저 누운 다음 눕고, 주인보다 먼저 일어나며, 일어나거든 반드시 이불을 개어 예전 자리에 갖다 두고, 그러고 나서 웃옷을 입고 단정히 앉아야 한다. 주인이 세수하기를 권하거든 곧 일어나 나가고 지체하지 말라. 주인이 종이 없어 물을 가져오지 않거든 그냥 망건網巾을 쓰라.

4-44 남의 집에서 잘 때에는 편리함을 구하지 말고 오직 주인의 뜻만 따를 것이며, 적삼과 바지를 벗을 필요는 없다. 아침에 세수하고는 주인의 수건에 닦지 말라. 수건을 더럽혀서가 아니라, 사람마다 각기 성질이 다르니, 혹 주인이 깔끔한 성격이어서 남의 때를 싫어할까 싶어서이다. 주인이 만일 자기 수건에 닦기를 권할 경우에는 수건 끝으로 약간 닦고 콧물이나 침을 묻히지 말라.

　손님이 만일 내 집에 와서 자게 되거든 잠자리를 손수 정해주고 옷을 벗고 눕기를 권하며 세수하거든 반드시 수건을 주되, 수건이 만일 더럽거든 '수건이 더럽소이다.'라고 미리 말하라.

4-45 무릇 잠잘 때에는 이불을 걷어 젖히지 말고, 얼굴을 이리저리 뒤치지도 말며, 목을 구부리지도 말고, 손과 발을 마구 뻗지도 말며, 잠꼬대를 하지도 말고, 코를 골지도 말며, 벼룩이나 이를 함께 자는 사람에게 쫓지도 말라.

4-46 무릇 손님, 벗, 친족, 친지를 볼 때는 절하고 읍揖하는 예절을 조금도 소홀히 해서는 안 된다. 지금 사람은 이런 예절을 익히지 않아, 읍할 경우에 손을 가슴에 댔다가 이내 떼어버리고 혹은 손을 마주 합해서 비스듬하게 들기도 하며, 절할 경우에는 몸을 급히 땅에 던져 등을 기울이고는 엉덩이를 삐딱하게 하며, 혹은 절을 너무 더디게 하여 나는 아직 구부리고 있는데 상대방은 벌써 일어나 서게 되니, 모두 예의를 잃은 것이다.

손님이 와서 앉을 자리가 없는데도 주인 혼자만 오뚝하게 자리에 앉아 있어서는 안 된다.

4-47 무릇 존귀한 손님을 배웅할 경우에는 마루 밑까지 따라 내려가서 배웅하고, 동년배를 전송餞送할 경우에는 손을 맞잡아 공수拱手하고 일어서 있다가 그가 뜰에 내려간 뒤에 앉으라. 손님이 겨우 몸을 돌려 아직 문밖에 나가지도 않았는데, 그가 보지 않는다 해서 바로 앉는다면 그것은 거만한 행동이다.

남을 대했을 때 다리를 뻗고 앉거나 벌떡 눕거나 잡담을 어지럽게 하거나 하는 행동은 짐승과 다를 것이 없다.

4-48 존귀尊貴한 사람이나 생소한 손님을 볼 때 머리를 숙이고 얼굴을 붉히고, 몸을 흔들거나 손을 자꾸 놀리는 자는 마음이 안정되지 않은 사람이다. 그러므로 군자는 덕德을 쌓고 단정한 용모를 닦기 힘쓴다.

4-49 남자가 오래 내실內室에 거처하거나 부인 방에 자주 들어가면

위엄이 손상되고 영令이 행해지지 않는다.

4-50 식사를 마치자마자 밥상도 채 물리기 전에 일어서는 것은 점잖은 행동이 아니다.

4-51 선비는 안정된 것을 귀중히 여긴다. 만일 집에 편안히 있지 못하고 어지럽게 밖에 나다니는 것은 그 마음이 흐트러진 지 이미 오래된 것이다.

4-52 상중喪中에 있는 사람은 장례 일에 관계된 일이 아니면 문밖에 나가서는 안 된다. 혹시 집이 가난하여 의약醫藥과 장례비용 마련하는 일을 대신해줄 만한 집안 조카나 노복이 없는 사람이면 부득이 문밖에 나갈 수 있으나, 만일 상중에 무료해서 대화를 하기 위해 출입한다면 아무리 문을 마주 대하고 있는 이웃이라 하더라도, 상복喪服을 걸치고 가서는 안 된다.

4-53 아무리 가난해도 부자에게 동정을 구하는 태도를 지어서는 안 된다. 그 사람이 즉시 도와주지 않을 뿐 아니라, 또한 싫어하고 업신여긴다. 설사 도와준다 해도 인색한 마음에서 행해진 것이니, 내던지듯 주는 것과 다를 것이 없다. 그것으로 배를 채운다면 굶어죽는 것만 못하다. 돈을 빌리는 것이 나쁜 일은 아니나, 교만하고 인색한 부자에게 돈을 빌려달라고 자주 요구해서는 안 된다.

4-54 아무리 피곤해도 문턱은 베지 말라. 발이 밟고 다닌 곳이기 때문이다.

4-55 아무리 덥더라도 심히 피곤하지 않으면 누워서는 안 된다. 누우면 자연 졸음이 오고 졸면 기운이 혼탁해진다. 그렇게 되면 사지가 흐트러질 뿐만 아니라 병을 초래하게 된다. 정신이 노곤하면 더욱더 등을 꼿꼿이 하고 어깨를 반듯이 하여 단정히 앉으라. 잠시만 지나면 정신이 곧 맑아지고 더운 기운도 침입하지 않을 것이다.

4-56 병도 없고 근심도 없을 때 신음하거나 얼굴을 찡그려서는 안 되고, 조그마한 병과 작은 근심이 있을 때 크게 신음하고 크게 얼굴을 찡그려서도 안 된다.

4-57 근심이란 흔히 뜻대로 되지 않는 데서 생겨나 반드시 노여움과 함께 발로發露하는 것이다. 사람의 심정이 이따금 이러하니, 억눌러서 격발하지 않게 해야 한다.

4-58 비록 시름과 분노가 있더라도, 조급한 마음을 견디지 못하여 호소하듯이 나무라듯이 혼자서 중얼거려서는 안 된다.

4-59 사소한 근심으로 얼굴을 찡그려 우는 형상을 해서는 안 되고, 약간 성낼 일에 고함을 질러 꾸짖는 얼굴을 해서도 안 된다.

4-60 병중에 간호인이 자기 뜻처럼 간호해주지 않는다고 화내지 말

라, 함부로 찬바람을 쐬거나 찬 음식을 먹지도 말고, 병세가 아무리 위독해도 처량한 말을 하거나 죽을 것 같은 공포심을 갖지 말라. 또한 곧 죽어가는 형상을 하고서 약과 음식을 물리침으로써 주위 사람을 두렵게 해서도 안 된다.

4-61 앓던 병이 조금 나았거든 정신을 차려야 하고 오래 누워 있음으로써 나태懶怠한 습성을 길러서는 안 된다. 또 조금 아픈 병에 시끄럽게 엄살부리지 말라. 남에게 문병問病할 때에는 더욱 정성을 다해야 하고, 집에 약이나 치료에 보탬이 될 만한 재료가 있거든 반드시 보내주어야 한다.

4-62 아기 울음소리, 개가 짖는 소리, 까마귀 우는 소리, 말[馬]이 말을 안 듣고 느린 것, 심부름 종의 미련함 등은 모두 짜증 나는 일이다. 그러나 성내거나 꾸짖어서 나의 기운을 허비하고 나의 편안한 마음을 격동시켜서는 안 된다.

4-63 말이 지쳐서 걸음이 느리다 해서 분노하며 큰소리로 종을 시켜서 후려치게 하지 말라.

4-64 파리가 빨고 이가 물더라도 화내거나 나무라지 말고, 갓끈이 끊어지고 옷이 찢어지더라도 한탄하거나 애석해하지 말라.

5. 몸가짐

5-1 천하의 큰 죄악과 큰 재앙은 모두 담박淡泊한 생활을 견디지 못한 데서 생긴다. ≪중용中庸≫에 이르기를 "빈천貧賤에 처하면 빈천을 편안히 여기고, 환난患難에 처하면 환난을 편안히 여긴다."라고 하였다.

5-2 사람은 누구나 자기 몸과 생명을 아끼나 음식과 여색女色에서 그 몸과 생명을 상하게 하고, 사람은 혹 자기를 수양하나 또한 음식과 여색에서 자기 인격을 망치게 된다. 그런 까닭에 의서醫書를 잘 읽어 경계하는 마음을 갖는다면 의서의 효과가 ≪시경詩經≫이나 ≪예기禮記≫와 같은 고전과 맞먹을 것이다.

5-3 우리집 선대의 유훈遺訓에 "백운대白雲臺에 오르지 말고, 복어탕〔河豚湯〕을 먹지 말라." 하였는데, 우리 아버지 형제들이 그 유훈을 삼가 지켰고, 나의 형제들 대에 와서도 역시 지킨다. 이 두 가지로 미루어 보면 위험한 곳에 가서는 안 되고, 먹는 일로 생명과 바꾸어서는 안 된다는 것을 알 수 있다. 이 유훈은 이와 유사한 일에 확대해볼 만하다.

5-4 피곤한 말을 탈 경우, 오르고 내리는 곳을 당하면 곧 내려서 걸으

라. 말의 힘이 약함을 불쌍히 여길 뿐만 아니라, 내가 또한 엎어지고 자빠질 우려도 면하게 된다.

5-5 교활狡猾한 아이와 술 취한 사람과 사나운 말과 미친개는 삼가 피하라.

5-6 귀중한 그릇이나 물건이 가득 담긴 그릇은 힘을 자랑하기 위하여 한 손으로 남에게 전해주지 말 것이다.

5-7 식사가 끝나면 반드시 수저를 정돈하여 수저 끝이 상 밖에 내밀게 놓지 말라. 상을 물릴 때 문설주에 닿을까 싶어서다. 내가 어릴 때 식사를 마치고 수저를 정돈하지 않았더니 작은아버지께서 꾸중하셨다. 지금도 밥 먹을 때면 그 생각이 나므로 수저를 정돈하지 않을 수 없다.

5-8 남의 집에 갔을 때 사랑방이 안방과 가깝거든 큰 소리로 마구 떠들고 웃어서는 안 된다. 그리고 마땅히 안방을 등지고 앉아야 한다.

5-9 친척의 집에 가서 부녀자를 보거든 함부로 말하거나 웃어서는 안 된다.

5-10 말을 타고 갈 때에 농부들이 모여서 점심 먹는 곳이나, 고을 사람들이 모여서 활 쏘는 곳을 지날 적에는 말에서 내리는 것이 좋다.

5-11 풍속이 교활하여 일부러 국법國法을 어기는 것을 능사로 삼아 법

을 잘 준수하는 사람이 있으면 손가락질하며 겁쟁이라고 비웃는다. 이를테면 호패戶牌를 차도록 하는데도 거역하고 차지 않는 따위다. 선비는 더욱 경계하여 범하지 말라.

5-12 웃어른과 말할 때는 농담하지 말고, 비스듬히 앉거나 마주 대해 앉지 말라.

5-13 남과 모이기로 약속했을 때에는 반드시 남보다 먼저 가야 한다. 아무리 날씨가 좋지 않더라도 반드시 언약言約을 실천해야 한다. 또 제사祭祀에 참여할 때에는 세수나 옷 입는 일을 더디게 해서 늦게 가는 일이 있어서는 안 된다.

5-14 제사를 행하는 일은 급박하게 하지도 말고, 더디게 하지도 말며, 처음에는 조심하다가 나중에는 소홀하게 하지도 말라.

5-15 제사에 참여했을 때 오랫동안 서 있음으로 해서 다리가 아무리 피로하더라도 외발로 서서는 안 되고 하품을 해서도 안 된다. 제물祭物을 진설陳設할 때에는 왼손으로 오른손 소매를 걷어잡아, 제물이 떨어지거나 더럽혀지지 않게 하라.

5-16 제사 지낼 때 자녀나 조카, 또 부녀자들이 혹시 일을 집행함이 소홀하거든 조용히 가르쳐주어야지, 큰소리로 꾸짖거나 욕설을 해서는 안 된다. 공경스럽고 화기 넘치는 분위기를 유지해야 옳다.

5-17 승려의 시축詩軸에 시문詩文을 쓰지 말고, 절에 가서는 불상佛像을 비웃거나 부처 몸을 손톱으로 긁거나, 절의 현판懸板이나 주렴珠簾에 낙서하거나, 고기나 생선으로 그의 바리때를 더럽히지 말라. 이 몇 가지 일은 부처를 섬겨서 그러는 것이 아니라 바로 나의 몸을 공경하는 도리이다.

5-18 어리석은 사람, 가난한 사람, 병든 사람, 어수룩한 사람, 상복喪服 입은 사람을 보면 사람들은 반드시 비웃는데 그것은 인자한 마음씨가 아니다. 불우한 사람은 더욱 지성至誠스러운 마음과 부드러운 말씨로 대해야 한다. 어린애들은 이들을 보고 더욱 웃고 장난치기 쉬우니 호되게 나무라야 한다.

5-19 담이 아무리 엉성하더라도 그 사이로 남의 집을 엿보지 말라. 장張 아무개란 자는 몸조심하는 선비였는데, 그가 아이 때 울타리 밑에서 놀다가 이웃집 처녀를 보자 크게 놀라 엉금엉금 기어서 피하고 곁눈질도 하지 않았다니, 그 일은 본받을 만하다.

5-20 조선조 학자 정구鄭逑(1543~1620)는 일찍이 말하였다.

"학자學者의 몸가짐은 마땅히 처녀처럼 하여 조금도 오점을 남겨서는 안 된다."

명明나라 때 어느 학자는 문인들을 경계하여 말하였다.

"선비가 몸가짐을 올바르게 하는 것이 어떻게 하는 것인지 모른다면 그 마을에서 절개 곧은 부인 한 분을 찾아서 그를 본보기로 삼으면 몸가짐 하기가 어렵지 않다.”

5-21 자고로 학자이면서도 일반 백성처럼 가난을 편안히 여기고 도道를 즐긴 사람은 송宋나라 학자 소옹邵雍(1011~1077)만 한 분이 없었다. 그의 전기傳記를 상고해보면 오직 지성으로 남을 대하였으니 가장 인정人情에 가까웠다. 그가 일찍이 말하였다.

“착한 사람은 진실로 친해야 할 것이나 잘 알기 전에 급히 어울려서는 안 되고, 악한 사람은 진실로 멀리해야 할 것이나 아직 멀어지지 않은 상태에서 급히 멀리해서는 안 된다. 반드시 뉘우치게 될 것이다.”

인정을 깊이 안 분이 아니면 이처럼 심오한 훈계訓戒를 남길 수 있겠는가.

또 선생은 낮에 누워서 침대 가리개 병풍에 어린아이가 장난으로 그림 그리는 것을 보고, 그 위에 시를 썼다.

은거隱居해 누워 있는 사람으로 하여금　　　　　遂令高臥人

베개에 기대어 아기들의 장난을 보게 하누나　　欹枕看兒戲

이 시를 그의 문집인 《격양집擊壤集》에는 싣지 않았으니, 그의 근신함이 대체로 이와 같았다.

우리들은 약간 시문詩文에 능하다 하면 왕왕 경솔히 자기 작품을 자랑한다. 자랑한 것은 아니지만, 점필재佔畢齋 김종직金宗直(1431~1492)의 〈조의제문弔義帝文〉*이나 석주石洲 권필權韠(1569~1612)의 〈궁류앵비宮柳鶯飛〉** 같은 시는 모두 소인배들에게 해를 당하였으니 슬픈 일이다.

* 김종직이 세조世祖에게 시해당한 단종端宗을 비유하여, 항우項羽에게 죽은 의제
義帝를 조상하는 글인 〈조의제문〉을 지었는데, 이것이 빌미가 되어 연산군燕山君
때 무오사화戊午士禍가 일어났다.

** 광해군光海君의 처남 유희분柳希奮이 정권을 휘두르자 권필이 〈궁류앵비〉 시를
지어 이를 비유하니, 광해군이 이를 보고 미워하여 그를 유배 보냈는데, 유배 가던
중에 죽었다.

5-22 삼가 조심하여 본분을 철저히 지키고 남을 이기려는 마음을 함
부로 부리지 말라. 옛날 사람이 이렇게 말했다.

"술은 평소 얌전한 사람을 미치게 할까 두렵고, 바둑은 겸손한 사람
이 성을 내게 할까 두렵다."

5-23 선비가 곤궁困窮을 본분의 일로 여기지 않을 경우에는 그로 인
한 온갖 폐단이 생길 것이다. 공자孔子는 말하였다.

"높은 뜻을 가진 선비는 세상 한 구석에 그냥 묻혀 있을 각오를 언
제나 잊지 않는다."

5-24 자기 스스로 절조節操를 지키고 공적으로 해서는 안 되는 규칙
規則을 잘 지키면 바로 성현聖賢이 될 기반이 마련되는 것이요, 이것이
없으면 바로 도적盜賊이 될 기틀을 마련하는 것이다.

5-25 남의 송사訟事, 나라에 상소上疏, 남에게 청탁하는 일, 납세를 대
신 내주고 이윤을 챙기는 일 등에 참견하지 말라. 작게는 비방을 받고

크게는 화를 당한다. 옛사람이나 지금 사람이나 이것으로 낭패한 자가
그 얼마나 많은가.

5-26 재물이나 돈을 빼앗을 마음을 가지면 이것이 바로 도둑놈이라
는 이름을 얻게 되는 것임을 생각하고, 여색을 가까이할 마음을 가지
면 이것이 바로 간음姦淫이라는 이름을 얻게 되는 것임을 생각해야 한
다. 그래서 맥이 풀리듯 이러한 부정한 생각이 가셔야 바로 착한 선비
이며 행복한 사람인 것이다. 그러므로 군자는 세상 여론에 혐의가 거
론됨을 두려워한다.

5-27 여색에 대해서는 그 낭비浪費를 생각하라. 나의 행실行實을 허
비하고 나의 몸을 허비하고 나의 재물을 허비한다. 그러므로 삼가는
것이 중요하다.

5-28 병 없이 약藥을 잘 먹는 사람은 생명을 보존하려는 생각에서이
지만 도리어 생명을 해치는 것이요, 까닭 없이 조상의 무덤을 잘 옮기
는 사람은 어버이를 편안하게 하려는 생각에서이지만 도리어 어버이
를 불편하게 하는 것이다. 이것이 요즘 세상의 고질화된 병폐이니, 모
든 군자는 어찌 조금이라도 반성하지 않으랴.

5-29 건강에 유의하는 일인 양생養生과 삶의 방도를 구하는 일인 치
생治生은 군자가 병행해야 할 것이다. 그러나 양생이 오래 살려고 하
는 탐생貪生의 지경에 이르지 말아야 하고, 치생에도 의義를 위해 생명

도 바치는 일인 사생捨生을 생각해야 한다.

5-30 작은 병을 견디지 못하고 작은 분노를 참지 못하면, 큰일을 당해서는 어찌할 줄을 모르고 낭패를 맛볼 것이다.

5-31 중국 송宋나라 때 명신名臣 유안세柳安世(1048~1125)는 망령된 말을 하지 않으려고 7년 동안이나 노력한 끝에 그 뜻을 이루었고, 명明나라 때 학자 설선薛瑄(1389~1464)은 화내지 않으려고 20년 동안이나 수양하였다 하니, 선배 학자들의 자기 단속이 이와 같았다.

5-32 어떤 사람이 죽었다는 소식을 풍문風聞으로 듣고는 남을 만나서 '아무개가 죽었다.'고 잘라 말해서는 안 된다.

5-33 뜬소문이나 확실하지 않은 말을 들었거든 곧 그것을 남에게 함부로 전하지 말라. 내가 직접 보지 않은 것은 충분히 세심하게 살펴보아야 한다.

5-34 사람이 종일토록 다행스럽게도 망령된 말이나 어긋난 행동을 한 바 없으면 밤에 잠자는 일이 반드시 안정될 것이다.

6. 공부와 가르침

6-1 선비가 독서讀書를 귀중히 여기는 것은 내 한 마디 말, 내 한 가지 행동에서 반드시 옛 성현聖賢의 행동과 훈계를 준칙으로 삼아 잘못되지 않기를 생각하기 때문이다.

요즘 사람들이 글자 한 자도 읽지 않아 제멋대로 행동하는 것은 거론할 것도 못 되거니와, 글을 많이 읽었다고 하는 자도 그 배운 글귀를 과거科擧 시험에만 사용하고 자기 몸을 수양修養하는 데는 한 번도 시험하지 않으니, 애석한 일이다.

또한 옛글을 외워서 말끝마다 인용하는 자도 있으나 그 마음씨를 살펴보면 아첨하듯 교활하고, 소위 인용하는 것도 한갓 입술을 꾸미는 자료로 삼을 뿐이니, 이런 식이면 글을 아무리 많이 읽더라도 어디에 쓰겠는가.

많은 글을 읽어도 그것을 이용하여 남의 마음과 감정을 부드럽게 어루만지듯 아첨하는 태도를 짓는 자를 누구나 좋아하니 슬프기 그지없다.

6-2 하루 종일 글도 읽지 않고 마음 단속도 하지 않고 스승이나 친구 될 사람도 만나지 않고, 일도 하지 않고 빈둥빈둥 놀며 다니고, 시끄럽

게 떠들거나 쓸데없는 망상을 하고, 비스듬히 앉거나 벌렁 드러눕고, 장기나 바둑을 두거나 술에 만취하고, 한낮에 낮잠을 잔다면 한가로운 생활이라 할 수 있으나, 밤에 자다가 새벽에 깨어서 어제 한 일을 고요히 생각하면, 인간으로서 해야 할 일을 하지 못함이 마치 수족手足이 마비된 반신불수半身不隨와 같은 것일 것이다.

반나절을 헛되이 보내는 것은 비유하건대 상喪을 당하여 혼인婚姻의 시기를 놓치거나, 수해나 가뭄을 만나서 농사를 망치는 것과 같다고 나는 생각한다.

6-3 명明나라 때 학자 오여필吳與弼(1391~1469)은 이렇게 말했다.

"생활이 빈곤하면 모든 일들이 사람을 얽어맨다. 환경이 아무리 그렇더라도 한편으로는 빈곤에 대처하고, 한편으로는 학문에 정진하는 일을 힘쓰지 않아서는 안 된다."

6-4 명나라 때 학자 고반룡高攀龍(1562~1626)은 이렇게 말했다.

"사람은 재주가 없는 것을 근심할 것이 아니니, 지식이 진전되면 재주도 진전된다. 도량이 없는 것을 근심할 것이 아니니, 견문이 넓으면 도량도 넓어진다. 모든 것이 배움에서 얻어진다."

6-5 청淸나라 때 학자 시윤장施閏章(1618~1683)은 이렇게 말했다.

"종일토록 자신의 허물을 발견하지 못하면 성현聖賢으로 향하는 길을 끊는 것이고, 종일토록 남의 허물을 즐겨 말하면 자연의 조화로운 기운을 상하게 하는 것이다."

6-6 남의 나쁜 글을 외어서 사람들에게 퍼뜨리지 말고, 시문詩文의 지은이를 바꾸어서 남을 속이거나 어린아이들에게 주지도 말라.

6-7 남의 재주는 칭찬해주어야지 가로막아서는 안 되고, 나의 재주는 수련修鍊해야지 자랑해서는 안 된다.

6-8 1푼쯤 유명해지려 하면, 벌써 1푼쯤 실속이 없어지는 것이다.

6-9 문장의 기교만 부린다면 비록 8, 90세를 산다 하더라도 사람의 그림자 구실만 할 뿐이다.

6-10 내게 한 가지 재주가 있거든 남들에게 자랑하려는 마음을 먼저 막으라.

6-11 종일 자기 재능을 자랑하는 말만 지껄이고 남의 말은 한마디도 듣지 않는다면 성현의 경지에 들 수 없으니 역시 딱하다. ≪주역周易≫에는 "겸손해야 나에게 도움이 있다."고 하였다. 나의 일만 자랑하면 남의 일은 자연 제외된다.

6-12 남보다 유능하다는 마음을 버리면 마음이 겸손해지고, 남보다 나으려는 마음을 버리면 마음이 안정되고, 사치스러운 마음을 버리면 마음이 편안해지고, 질투하는 마음을 버리면 마음이 화평해진다. 이것은 마음을 다스리는 좋은 방법이다.

자신을 자랑하는 말, 남을 깎아내리는 말, 케케묵은 말, 별 의미 없는 허튼 말, 희롱하는 말, 꾸미는 말, 근거 없는 말 등을 일절 하지 않고 종일 입을 무겁게 가지는 것은 매우 중요한 수양법이다.

6-13 말과 행동을 자기의 몸과 마음에 부합되지 않게 한다면 늙도록 허공만 더듬는 인생일 뿐이다. 이는 모두 글을 잘 읽지 못한 데서 연유한 것이니, 참으로 맹랑한 사람이다.

6-14 지금 글을 읽는 사람들은 그 글의 내용을 믿지 않는다. 그러므로 한 가지도 소득이 없다.

6-15 글을 읽고 몸을 닦는 데 만일 표준이 없으면 족히 그 효험을 보지 못한다. 그것은 바로 공부하고 토론하는 강학講學, 자기 행위를 반성하는 성찰省察, 자기 양심을 지키는 함양涵養, 배운 바를 실천하는 천리踐履이니, 이렇게 하는 것이 구체적 목표가 되고 중요한 학문 방법이 된다.

6-16 청淸나라 때 학자 이광지李光地(1642~1718)는 자제들에게 책을 베끼기를 권면하면서 이렇게 말하였다.

"무릇 글이란 눈으로 보고 입으로 읽는 것이 손으로 한 번 써보는 것만 못하다. 대개 손이 움직이면 마음이 반드시 따르는 것이므로 비록 20번을 읽어 왼다 하더라도 한 차례 힘들여 써보는 것만 못하다.

나아가 읽은 내용의 요점을 드러낸다면 더욱 좋고, 거기에서 심오한 이치를 끌어낸다면 생각하는 바가 정밀해질 것이다. 만일 그중에서 다시 같고 다른 점을 살피고 옳고 그른 점을 판단하여 그 의심나는 점을 기록한 다음 그에 대한 비평을 붙인다면, 지혜의 개발됨이 더욱 깊고 마음가짐이 더욱 안정되고 견고해질 것이다."

6-17 글씨를 쓸 때에는 아무리 바쁘더라도 자획字劃이 완성되지 못한 글자를 만들지 말라.

6-18 옛글을 배우되 거기에 고착된다면 참된 옛글이 아니요, 고금을 참작해야 오늘날의 참된 옛글인 것이다.

6-19 의심나는 일이나 의심나는 글자가 있으면 즉시 백과사전인 유서類書나 옥편인 자서字書를 상고하라.

6-20 글을 읽을 때는 사물의 이름이나 문장의 의미가 어려운 글은 그 때그때 적어서 아는 사람을 만나면 반드시 물어라.

6-21 글을 읽다가 좋은 구절을 발견하거든 반드시 동지同志에게 기꺼이 알려주되 행여 다 알려주지 못할까 염려하라.

　선비 효효재嘐嘐齋 김용겸金用謙(1702~1789)은 머리가 하얀 노경老境에도 배우기를 좋아하고 남에게 가르쳐주기를 게을리하지 않았다. 총민한 소년을 만나면 반드시 쌓인 서책을 흔연히 펼치고 옛사람의 아름다운 일과 좋은 말을 찾아내서 읊조리고 강론하는 등 끈덕지고 자상하게 일러주었다. 나는 찾아가 뵐 때마다 소득이 많았으니, 그 조상인 농암農巖 김창협金昌協(1651~1708)과 삼연재三淵齋 김창흡金昌翕 (1653~1722)의 유풍遺風을 볼 수 있었다.

6-22 사대부士大夫가 의서醫書를 읽으면 몸조심하는 방법을 알 수 있고, 율령律令을 읽으면 처세하는 방법을 알 수 있다. 왜냐하면 병과 죄가 곧 닥칠 것만 같은 생각으로 늘 경계하여 해害를 멀리하기 때문이다.

6-23 책을 볼 때에는 서문序文·범례凡例·저서인著書人·참교인參校人, 그리고 권질卷帙이 얼마며 목록이 몇 조목인지 먼저 보아 그 책의 체재를 구별해야 하고, 대충대충 보아 넘기고서 박학博學했다고 해서는 안 된다.

6-24 책을 읽을 때에는 손가락에 침을 묻혀서 책장을 넘기지 말고, 손톱으로 글에 줄을 긋지도 말고, 책장을 접어서 읽던 곳을 표시하지도 말고, 책머리를 말지도 말고, 책 표면을 문지르지도 말고, 땀난 손으로 책을 들고 읽지도 말고, 책을 베지도 말고, 팔꿈치로 책을 괴지도 말고, 책으로 술항아리를 덮지도 말고, 먼지 터는 곳에서 책을 펴지도 말고, 책을 보면서 졸다가 어깨 밑에나 다리 사이에 떨어져서 접히게 하지도 말고, 책을 던지지도 말고, 등잔불 심지를 돋우거나 머리를 긁은 손가락으로 책장을 넘기지도 말고, 세게 책장을 넘기지도 말고, 책으로 창이나 벽에 휘둘러서 먼지를 떨지도 말라.

6-25 책을 쌓아놓고 읽지 않으면 역시 물건을 마구 버리는 격이요, 여러 책을 널리 섭렵하는 것은 마구 풀어져서 노는 것과 같다.

6-26 남의 집에 있는 책을 보면 첫 권은 반드시 파손되고 더렵혀져 있으나 둘째 권부터 끝 권까지는 손도 대지 않은 것처럼 깨끗하니, 선비의 뜻이 처음에는 부지런하고 나중에는 게으르다는 것을 알 수 있다.

6-27 동춘당同春堂 송준길宋浚吉(1606~1672) 선생은 책을 남에게 빌려주었다가 그 사람이 책을 돌려왔을 때 책장이 부풀지 않았으면, 그 책을 읽지 않았다고 꾸짖고 다시 내어주었으므로, 그 사람은 그 책을 꼭 읽지 않을 수 없었다.

어떤 사람이 책을 빌려다가 읽지도 않고는 꾸지람을 들을까 염려하여 책을 밟기도 하고 책 위에 눕기도 하여 일부러 파손하고 더럽힌 뒤에 비로소 돌려보냈으니, 이것은 또 도리에 어긋난 행동으로서 어른의 후의厚意를 알지 못하는 것이다.

6-28 어른이나 친한 벗이 요즘 무슨 일을 하느냐고 묻거든, 글을 읽으면 글을 읽는다, 글을 지으면 글을 짓는다, 책을 베끼면 책을 베낀다고 반드시 솔직하게 대답해야 하고 '요즘 그저 놉니다.'라고 한결같이 대답해서 일부러 하는 일을 숨겨서는 안 된다.

또한 하는 일이 없는데도 과거科擧 준비에 열중하고 있다고 억지로 대답하여 일부러 그 나태함을 숨겨서는 안 된다.

날마다 공부 일과를 밟으면 마음이 밖으로 달리지 않는다.

6-29 눈도 밝고 손도 잘 놀리면서 게으름 피우기를 좋아하는 자는 툭하면 반드시 '소일거리가 없어 매우 심심하다.' 하는데, '소일消日' 두 글자는 시간을 아낀다는 '석음惜陰'과 상반되니, 크게 상서롭지 못한 말이다. 나는 비록 노둔하나 이런 말을 하지 않는다.

6-30 말과 웃음, 글쓰기와 남과의 교유, 그리고 머릿속 공상은 생략할 것이나, 잠시도 생략할 수 없는 것은 몸가짐을 삼감과 글 읽는 일뿐이다.

6-31 글을 읽는 것은 청아한 일이다. 그러나 억지로 하여 마음만 시달리게 하면 진부할 뿐이니, 어찌 공부에 부지런하다고 할 수 있겠는가.

6-32 글 읽는 소리는 침착하고 분명해야 한다. 만일 남의 이목耳目을 즐겁게 하기 위해 억지로 좋은 소리를 낸다면 글 뜻을 이해하지 못할 뿐만 아니라, 기생이나 광대가 타령을 하는 것과 무엇이 다르랴.

6-33 병중에 한 가지 경서經書를 보면 가장 소득이 있을 것이다.

6-34 옛날이든 지금이든 일과 행실은 다 같은 것이니, 옛글을 잘 읽으면 그 하나하나가 오늘날 나의 일과 행실에 부합된다. 다른 글은 물론이고 ≪소학小學≫ 한 책만 잘 사용해도 대소경중大小輕重이 다 있으므로 어느 일에나 척척 응용해도 남음이 있다.

6-35 어린아이에게 글을 가르쳐줄 때에는 많은 분량을 가르쳐주는

것은 절대 금기다. 총명한 자가 조금만 읽어서 잘 외는 것도 좋은 일이 아니지만, 둔한 자에게 많은 분량을 익히게 하는 것은 마치 약한 말에 무거운 짐을 싣는 것과 같으니 어찌 멀리 가겠는가. 글은 분량을 적게 해서 익히 읽어 뜻을 아는 것이 중요하다. 만일 이와 같이 한다면 비록 둔해서 잘 외지 못한다 하더라도 용서하는 것이 좋다. 헛되이 읽기만 하고 잘 외지 못하면 더욱 주의하여 그의 외는 것을 살피는 것이 좋다.

나는 어릴 때 하루 배우는 분량이 50줄에 불과하였으니 그것은 기질氣質이 약했기 때문이요, 헛되이 읽지 않았으니 그것은 성질이 조심성이 있었기 때문이요, 외는 것은 대개 잘하지 못하였으니 그것은 둔했기 때문이다. 그러나 익히 읽어서 뜻을 알았기 때문에 어른이 책망責望하지 않았다.

6-36 어린아이를 가르칠 때 엄하게 단속해서는 안 된다. 엄하게 단속하면 기백氣魄이 약한 아이는 겁을 먹고 기질이 강한 아이는 울분하여 원망하는 마음을 갖는다. 너그럽게 놓아두어서도 안 된다. 너그럽게 놓아두면 의지가 약한 아이는 게을러지고 기질이 강한 아이는 방종해지며 능멸하는 마음이 생긴다. 모름지기 말을 몰고 매를 부릴 적에 채찍과 끈이 항상 손에 있어 알맞게 조정하는 것처럼 하는 것이 옳다.

6-37 어린아이에게 글을 가르쳐줄 때에는 번거롭게 말하는 것이 가장 금기다. 모름지기 그 자질의 고하에 따라 상세하고 간략하게 해설해야 한다. 어린아이가 무슨 침착하고 안정됨이 있겠는가. 얌전하지 않으면 반드시 설쳐댈 것이니, 만일 어려운 의미를 말해 준다면 하품

하고 기지개를 켜며 "네, 네" 할 뿐이다. 뛰어나가고 싶은 마음이 있으면 가르치는 사람과의 정분이 이로 인해서 막힐 것이다.

6-38 어린아이에게 글을 가르쳐줄 때에는 그 아이가 아무리 둔하더라도 참고 견디어야 한다.

6-39 내가 일찍이 남의 부탁을 받아 수십 명의 아이를 가르쳤으나 마지막까지 성취한 자가 적었으니, 그것은 모두가 부형父兄의 고식적 사랑 때문에 연유된 것이다. 처음에는 비록 신신부탁을 하고 행여 엄하게 통솔하지 않을까 염려하나, 만일 매를 때리면 크게 괴이한 일로 여기고 아이도 배반하고 가버렸다. 그러므로 비록 엄한 스승이나 벗이 있더라도 어진 부형이 없으면 어질지 못한 자제는 짐승처럼 되어 못할 짓이 없을 것이니, 그것은 스승이나 벗의 허물이 아니라, 바로 부형의 어리석음 때문이다.

6-40 어린애를 부추겨 손님을 함부로 희롱하게 하고, 그런 아이를 상스러운 말을 하며 때림으로써 웃음거리로 삼는 경우, 또는 서로 칭찬하기를 "이 아이는 꽤 영리하니 커서 반드시 훌륭하게 될 것이다."라는 따위의 말을 해서는 안 된다. 그 애가 거리낌 없이 방자하여 장차 흉포해지게 만드는 조짐임을 모르는 일이니, 그런 짓은 엄격히 금해야 한다. 어찌 차마 그런 짓을 조장할 수 있겠는가.

　≪시경詩經≫에 "원숭이에게 나무에 오르는 일을 가르치지 말라. 진흙에 진흙을 붙이는 격이다."라고 하였다.

7. 인륜人倫

7-1 조부모祖父母·외조부모外祖父母·백부伯父·숙부叔父·중부仲父·
계부季父 및 고모·외삼촌·이모·사촌형제·고종형제·이종형제·생
질·조카 등은 모두 부모를 인연하여 종적으로 횡적으로 나와 피를 나
눈 친척이 된다. 비록 내외內外의 구별은 있으나 그 지극한 정情은 차
별이 없는 것이다.

　정을 베푸는 방식에 약간의 차이가 있으나 따뜻한 정분이 기본이
고, 그것도 두텁게 할 뿐이다. 나와 성姓이 다른 어머니 쪽 친척을 야박
하게 대하고 심지어 길 가는 사람처럼 보기까지 하는 자는 참으로 인
정에 가깝지 못한 사람이다.

7-2 조부모와 부모는 손자나 자식에 대하여 동년배끼리 부르는 호칭
인 자字를 부르지 말고 반드시 이름을 불러라.

7-3 무릇 편지에서 남의 아버지는 존장尊丈이라 칭해야지 춘부春府라
칭해서는 안 되고, 남의 어머니는 자당慈堂이라 칭해야지 훤당萱堂이
라 칭해서는 안 되고, 남의 숙부는 영백부令伯父·영중부令仲父 등으로
칭해야지 완장阮丈이라 칭해서는 안 되고, 남의 조카는 영질令姪이라
칭해야지 아함阿咸이라 칭해서는 안 되고, 그 외 호칭도 존칭을 해야

한다.

　또한 남에게 자랑하듯 내 아들, 내 딸이라고 칭하지 말고, 저의 집 아이나 저의 집 여식이라고 겸손하게 말해야 한다.

7-4 어느 집안이든 자제子弟들이 머리가 좀 굵어지면 부형父兄 된 자가 차마 얼른 일을 시키지 못한다. 자녀들도 편안함에 버릇이 되어 부형을 위해 이불을 깔고 자리를 걷는 것을 자신을 괴롭히는 일로 보는데, 이것은 예의가 아니다.

　조선조 학자 율곡 이이李珥 선생의 둘째 형은 본래 세상 물정에 어두워 무슨 일이든 선생을 불러 시켰는데, 선생은 게으름을 피우지 않고 고분고분 시킨 대로 하였다. 이때 선생은 벼슬이 이미 높았다. 제자가 물었다.

　"어찌 자녀들을 시켜 그 일을 대신하게 하지 않습니까? 선생님은 조정의 높은 지위에 계신데 형님에게 아들의 예를 행하시니, 너무 지나친 공경이 아닙니까?"

　선생이 말하였다.

　"부형께서 나에게 명하시는데 내가 어찌 감히 달리 자녀들을 시켜 그 일을 대신하게 하겠는가. 부형의 앞에서는 지나치게 공경하는 것이 예이다. 벼슬은 살면서 온 것이니 사람의 천성天性과 무관하여 지위의 높고 낮음을 가지고 논할 바가 아니다."

7-5 어느 선배 한 분이 어떤 집에 가서 주인의 아들로 이미 갓을 쓴 장

성한 자가 그 아버지와 함께 앉은 자리에서 요강인 호자虎子에 소변을 보는 것을 보고서, 그 부자는 무례無禮한 자들이라 생각하고 따라서 교제를 끊고 다시 그 집에 가지 않았다. 남들은 그 선배를 너무한다고 하나 나는 너무한 것이 아니라고 생각한다.

7-6 어떤 사람은 혹 부자간이나 형제간에 허물이 있어서 마음으로 몹시 불평하던 나머지, 반드시 친한 사람을 대하여 자기가 불평하는 이유를 털어놓으며 말하기를 "나와 자네 사이는 한집안과 같기 때문에 이렇게 말한 것일세." 하는데, 나는 매우 옳지 않다고 여긴다. 한집안도 잘 다스리지 못하고 도리어 남을 보고 한집안과 같다고 할 수 있겠는가.

7-7 남의 집의 인자仁慈하지 못한 부모나, 불순不順하고 불효不孝한 부인이나 자녀들, 또 우애友愛하지 못한 형제가 혹 와서 자기 집안에 대해 불평하는 말을 하거든, 그 정분에 따라 깨우칠 만한 것은 깨우치고 꾸짖을 만한 것은 꾸짖을 것이요, 그의 뜻을 받아 응답함으로써 스스로 남의 부모 형제를 이간하는 죄에 빠져서는 절대로 안 된다. 말을 하지 말고 묵묵히 듣고 있음으로써 엄정한 태도를 보이는 것이 좋다. 깨우치고 꾸짖는데도 오히려 깨닫지 못하고 고치지 못하면 멀리하거나 절교하는 것이 옳다.

7-8 부자간이나 형제간에 과실이 있을 경우, 제자諸子들은 어른의 잘못을 간쟁諫諍해야 하고 부형은 가르치듯 책망해야 한다. 그 과실의

대소에 따라 명백히 말해주고 원망과 성냄을 오래 간직하지 말라. 슬며시 나무라는 뜻으로 타일러서도 안 되고, 또한 간접적으로 듣게 해서도 안 된다. 이 두 가지 경우로 하면 상대방과 나라는 거리를 가지게 되는 것이니, 이는 남을 대하는 것과 같다. 부자와 형제 사이의 정분을 범하는 것은 좋은 일이 아니다.

7-9 부모에게 허물이 있을 때 그대로 보고 간하지 않거나, 자녀들에게 과실過失이 있을 때 그대로 두고 경계하지 않는다면, 이는 남처럼 보아 소원하게 하는 것이다. 부자 형제가 서로 남처럼 보아, 그 악행이 차차 퍼지면 친척도 감히 충고하지 못하고 친구도 차마 말하지 못하게 된다. 그래서 그 마을에서 나쁜 평판이 일어나고 나중에는 법의 처벌도 받게 된다. 다행히 그렇게까지 되지 않더라도 그 나쁜 평판이 사방에 퍼져서 천지 사이에 용납되지 못할 것이니, 얼마나 위험한가.

7-10 순조로운 환경에 처하기는 쉽고 불행한 환경에 처하기는 어렵다. 인륜이 뒤틀린 역경에 처하기는 더욱 어렵다. 이것은 천지 귀신이 이런 역경逆境으로써 사람이 시련을 겪게 하는 것이다. 이런 역경에 처한 자는 조금만 차질이 있으면 큰 악행에 이름을 감히 모면하지 못하니, 마땅히 가시밭을 걷는 것처럼 위험한 다리를 건너는 것처럼 하여 행동거지나 기쁨과 성냄, 울거나 웃는 감정을 가볍게 해서는 안 된다. 한결같이 바른 도리를 지키면 거의 구제되어 무죄를 호소할 수 있을 것이다. 또는 옛사람 중에 이런 역경에 잘 처했던 자를 보아 그 역

경을 잘 타개하고, 또한 죽을 경우에는 죽어야 한다.

7-11 명明나라 때 학자 모선서毛先舒(1620~1688)는 이렇게 말하였다.

"다른 일로 인한 악명惡名은 받을 수 있으나 불효로 인한 악명은 받기 곤란한 것이다. 남이 헐뜯는 말은 변명할 수 있으나 부모의 말씀은 변명할 수 없고, 다른 사람의 마음을 어기는 일은 오히려 할 수 있으나 부모의 마음을 어기는 일은 한 번도 할 수 없는 것이다.

부모를 섬기는 자는 마땅히 언제나 조심하고 공경해야 하고, 자식을 사랑해야 할 부모로서도 그 자식을 성취시킬 것을 깊이 생각하여, 자식으로 하여금 큰 악행의 죄를 범하지 않게 해야 한다.

매양 보건대, 부모 된 분은 자식을 꾸짖고, 심지어 자식과 영원히 헤어지는 상황까지 빚어 혹은 가정을 떠나고, 혹은 머리를 깎고 승려가 되려 하고, 혹은 종묘宗廟에서 통곡하고, 혹은 병을 앓으면서도 약을 뿌리치고 들지 않아서 친구들이 놀라고, 고을에서 큰 소문이 나서 자식으로 하여금 마음을 잡지 못하고, 또 사람 노릇을 못하게 만들어 종신토록 악행을 저질렀다는 이름을 뒤집어쓰고 씻을 수 없게 만드니, 비록 죽음은 참는다 해도 사람의 형체만 갖추고 있을 뿐, 천하의 극형을 받은 꼴이 되는 것이다.

내가 이렇게 말하는 것은, 남의 자식 된 자가 평소의 마음을 믿고 어버이의 노여움을 방관만 해서는 안 된다는 점을 경계하고, 또한 천하의 자식 된 자를 대신해 천하의 부모 된 분에게 호소하기 위함이다."

7-12 효자孝子 추본성鄒本成은 명나라 사람이다. 그의 아버지는 술을 즐기는 사람인지라 살림을 돌보지 않았다. 그의 아내는 부지런히 길쌈을 하여 살림을 돕고, 그는 힘써 농사를 짓고 뽕나무를 가꾸고 가축을 기르고 물고기를 잡아서 아버지를 봉양하였다.

매일 아침에는 채소 반찬으로 정결히 밥상을 차리고, 낮에는 반드시 잘게 썬 회와 연한 고기를 드리고, 저녁에는 반드시 따뜻한 술에 안주를 갖추어 아버지께 권하고서, 부드러운 얼굴로 곁에 모시고 앉아서 술을 따라드렸다. 아버지가 취하여 노래를 부르는데, 노래가 끝나면 대야를 받들어 얼굴을 씻어드린 다음 부축하여 잠자리에 들게 하였다.

밤에는 반드시 이불을 덮어드리고 휘장을 내렸으며, 잠든 뒤에는 반드시 병풍 뒤에 서서 코고는 소리를 듣고서야 물러나왔다. 첫닭이 울면 일어나 즉시 아버지 곁으로 가서 모셨으며, 매양 제철에 맞는 신선하고 맛있는 채소나 과일을 볼 때마다 반드시 사서 드렸다.

그리고 부세賦稅를 바치는 일이나 반찬을 마련하는 일 외에는 시장에 가지 않았고, 농사짓고 나무하는 일이 아니면 아버지의 곁을 떠나지 않았다. 이렇게 30여 년을 계속하는 동안에 조금도 게을리하지 않았다. 아버지가 죽자 몹시 슬퍼한 나머지 뼈만 앙상하게 남았고, 늙도록 아버지를 사모하는 마음을 가졌다.

7-13 송宋나라 임진언任盡言은 어머니를 섬기는 데 효성을 다했다.

그는 스스로 말하기를 "노모老母가 병이 나게 되는 원인은 음식이 맞지 않거나 거처가 불편하거나 말을 많이 하게 되거나, 근심과 기쁨이 너무 지나치거나 하는 데서 생긴다." 하고, 조석으로 보살피는 데에 조금도 미진한 바가 없었으며, 오장육부의 일을 환하게 보았으므로 진맥을 하지 않고도 그 곡절을 알았다. 그 때문에 약을 쓰면 반드시 효과가 있어 아무리 명의名醫라도 그를 따르지 못했다.

7-14 부부 사이에는 작은 과실이라도 서로 잘 알기 때문에 꾸짖기가 쉽다. 그러나 조용히 이야기해주어야 하고 큰소리와 사나운 얼굴로 서로 나무라고 원망해서는 안 된다. 부부가 그렇게 하면 부모가 걱정하고 자녀가 상심하게 되니, 위로는 부모를 생각하고 아래로는 자녀를 가엾게 여겨 각자 뉘우치고 깨달아서 화평하기를 노력해야 한다.

7-15 부부간에 화목하지 못하는 까닭은 남편은 '하늘을 존중하고 땅을 천시한다.'는 천존지비天尊地卑의 설을 지키어 스스로 높은 체하여 아내를 억눌러 꼼짝 못하게 하고, 아내는 '나나 저나 동등한데 무슨 굽힐 일이 있겠는가.'라고 생각하는 부부동등夫婦同等의 뜻을 지키는 데서 연유할 뿐이다.

평시 서로 사이좋게 지낼 때에는 반드시 이렇지 않으나, 조금만 불화가 생기면 욕설이 분분하고 각기 자존심을 내세우며 다투어 예절을 잃는다. 이들은 자못 하늘과 땅이 비록 높고 낮으나 만물을 기르는 공功은 동일하다는 것을 모른다.

부부는 비록 동등이라 하나 음양陰陽, 강유剛柔의 분수를 어겨서는 안 된다. 이것은 평상시에 친밀이 과도하여 서로 공경하고 조심하지 않기 때문이다.

7-16 아내가 재주와 지혜가 있더라도 남에게 자랑해서는 안 된다.

7-17 선비 중에 흔히 까닭 없이 첩妾을 얻은 자가 있어 가정의 윤리倫 理가 그로 해서 떨어지고 선비 본분의 일이 그로 해서 무너진다. 처妻 가 아들을 낳지 못하거나 또는 폐질廢疾이나 죄가 있어서 이혼을 했거 나 혹은 뜻하지 않게 죽거나 해서 음식을 주관할 자가 없는 경우와 벼 슬이 높은 자는 첩을 둘 수가 있으나, 이상 몇 가지 조건 외에는 첩을 두는 것은 여색을 탐하는 처사이다. 심지어 하녀를 가까이하고 기생에 빠져 본처를 능멸하기까지 하여 명분이 도치되는데도 깨닫지 못하며, 따라서 생명을 잃기까지도 하니 슬프다.

7-18 습속이 각박하여 딸을 천하게 여기고 아들을 귀하게 여기는데, 남녀가 비록 성별은 다르지만 한 핏줄에서 태어난 것이다. 천륜의 사 랑이야 어찌 후하고 박함이 있겠는가. 다만 세속에서 딸을 시집보내자 면 혼수를 마련하느라 많은 재물이 들기 때문이다. 그러므로 딸을 낳 으면 집을 망칠 징조徵兆라 생각하고 어린 딸이 죽으면 사람들 중에는 더러 얼마의 돈을 벌었다는 말로 위로하는 자도 있다. 윤리가 이로 하 여 땅에 떨어지니 너무도 한심스럽다

7-19 혼사婚事에 재물을 논하면 결국에는 부부의 도리를 상실하고, 장례 일에 복을 구하면 결국에는 부자父子의 은혜가 끊어진다.

7-20 혼인할 때 어떤 집안에서는 혹 재물을 탐하여 병든 사위나 며느리를 취하는 일이 있는데, 이것은 스스로 거세去勢하고 환관宦官이 되는 것과 같다.

7-21 누이, 누이동생이나 조카 딸아이로서 갓 결혼한 자에게 그의 시부모나 남편을 들어 농담해서는 안 된다.

7-22 세상에는 아내의 처형이나 처제를 접견하는 자가 있다. 이것은 비록 인척姻戚의 후의厚誼로 해서 생기는 일이지만 자주 접견해서는 안 된다. 설령 서로 관계되는 일이 있더라도 편지로 상통해서는 안 된다.

7-23 자매·고모·이모를 그 집에 가서 볼 때는 오래 앉아서 쓸데없는 이야기를 길게 해서는 안 된다. 그 집에 있는 다른 부녀가 문을 닫고 오래 피함으로써 일을 못하기 때문이다. 또 여름철에는 오래 앉아 있는 것이 더욱 좋지 않다.

7-24 장인은 사위의 가정일을 간여해서는 안 되고, 사위 또한 장인의 가정일을 간여해서는 안 되며, 양자養子를 간 사람은 생가生家의 가정일을 간여해서는 안 된다. 그러나 만일 그 집안을 주관할 자가 없으면 보살피는 것이 좋다.

7-25 세상에는 순후한 풍속이 없어 외삼촌과 장인을 얕보는 경향이 있는데, 외삼촌은 바로 어머니의 항렬이고 장인은 곧 아버지와 대등한

분임을 알지 못하는 것이다. 그분들을 어찌 공경하지 않으랴.

7-26 서자庶子와 그 가족을 업신여기는 것은 바로 오랑캐의 풍습이다. 아무리 서출庶出일지라도 선조 입장에서 보면 다 같은 자손인데 업신여겨서야 되겠는가. 심지어 어린애들이 머리가 하얀 아저씨, 할아버지 항렬行列을 희롱하여 때리기까지 하는데, 어찌 반성할 일이 아니겠는가.

7-27 조금이라도 권세 있고 부귀한 사람을 따르는 마음을 옮겨다가 빈궁한 친족을 돌볼 것을 생각할 수 있으면, 그 조상祖上을 잊지 않는다고 할 수 있다.

7-28 뱃속에 시기심이 많은 자는 그 시기가 친척에게서부터 시작하니, 그것은 처지가 가까워서 사정을 모르는 것이 없기 때문이다.

7-29 춥고 배고픔을 뼈저리게 느낄 때, 자녀 입장에서 "왜 우리를 이처럼 춥고 배고프게 만들까." 하고 부형을 원망하거나, 부형 입장에서 "왜 나를 이처럼 춥고 배고프게 만들까." 하고 자녀를 원망하는 것은, 바로 맹자孟子의 이른바 "항심恒心(도덕심)이 없다."는 것이다. 그러므로 인륜의 입장에서는 아무리 죽게 되는 환난患難에 부딪치더라도 돈후敦厚함을 힘쓰고 각박刻薄함을 경계해야 한다.

7-30 한 가정에서 부자 형제가 혹 각기 얻는 재물이 있거든 쓸 때에

는 네 것 내 것 구별 없이 뒤섞어 써야 한다. 만일 "나는 하는 일이 있는데 집안사람은 온통 하는 일 없이 나의 재물만 바라고 있으니, 나 또한 어찌하겠는가." 하여 서로 헐뜯는다면, 이것은 좋지 못한 풍속이요, 인륜이 따라서 무너질 것이다.

7-31 세상에는 더러 부자 형제가 같은 집에 함께 살면서 식사를 따로 하는 자가 있는데 좋은 풍속이 아니다. 한집에서 조석 식사를 따로 하여 밥상 차림이 고르지 못하면, 각자의 마음이 편하겠는가. 이런 일들은 모두 부인의 주장에서 생기는 것이니 주의할 일이다.

7-32 봄가을로 여가 있는 날에 간단하게 술과 음식을 준비하여 집안의 노소老少를 한집에 모아 옛 고사故事와 인간의 도리에 대한 이야기를 하고, 또 근검절약勤儉節約과 개과천선改過遷善의 일에 대해 이야기하며, 술이 얼근하게 취하면 아이들에게 춤을 추게 하고 어른은 시詩를 읊으며, 부인들은 실없이 웃지 말고 삼가 듣는다면 이 얼마나 좋은 기상이겠는가.

8. 교제交際에 대하여

8-1 뜻이 같은 사람이 만일 성의誠意로써 먼저 와서 사귐을 청하거든 즉시 고맙다고 사례하라. 문벌이나 재주가 비록 나만 못한 사람이라 하더라도 교만한 마음을 내어 사례하지 않는 일이 없도록 하라.

8-2 선비가 굳센 기운이 없으면 자립할 수 없다. 비록 나의 품성이 약하다 하더라도 활달하고 위대한 사람을 만날 것 같으면 마땅히 격동하고 분발하여 나의 기운을 떨쳐야 한다. 굳센 기운이란 바로 바른 기운인 것이다.

8-3 내게 비록 백 가지의 장점이 있더라도 모름지기 남의 한 가지 장점을 부지런히 구하여 나의 부족한 점을 보충해야 한다.

8-4 남의 조그마한 장점과 착한 점을 취하여 나의 몸과 마음에 이익이 되게 하지 않고 매양 인격이 완비된 사람을 보지 못하겠다고 탄식하는 사람은 매우 고독한 자이니, 슬픈 일이다.

8-5 경솔하고 천박한 사람에게는 학문을 권하라. 속된 사람이 보면 어리석은 일인 듯하지만 깊이 생각해보면 뜻이 매우 훌륭하다.

만일 마음이 안정되고 욕심이 적으며 글을 읽어 몸을 닦고 세속의
명예에 뜻을 두지 않는 사람에게 과거科擧를 보도록 굳이 권하는 자가
있다면, 참으로 어리석고도 사리에 밝지 못한 사람이다. 그 사람이 비
록 과거를 보려는 마음을 가졌더라도 만일 그 어버이의 뜻이 아니라
면 과거 보는 일을 그만두도록 권하는 것이 좋다.

8-6 벼슬로 서로 유혹하는 사람은 벗이 아니요, 권세와 이익으로 서
로 의지하는 사람은 벗이 아니요, 장기·바둑이나 두고 술이나 마시고
해학諧謔하며 떠들썩하게 웃는 사람은 벗이 아니다.

겸손하고 우아하며 조심성이 있고 진실하며 꾸밈이 없는 벗, 명분
名分과 절조節操를 서로 부지하고 잘못을 서로 경계하는 벗, 성격이 담
박하여 탐욕하는 바가 없고 죽음에 임하여 의리를 저버리지 않는 벗
이 참된 벗이다.

8-7 거짓된 인품은 사람을 많이 상대할수록 더욱 교활해지고, 참된
인품은 사람을 많이 상대할수록 더욱 숙련된다.

8-8 명明나라 때 학자 위희魏禧(1624~1680)는 이렇게 말했다.
"벗을 사귀는 자는 이미 알고 있는 사람부터 진심으로 대하지 않아
서는 안 되고, 의심을 버리지 않아서는 안 되고, 조그마한 혐의를 없애
버리지 않아서는 안 된다.

또 벗을 사귈 때 그 벗이 윤리를 손상하고 교화敎化를 무너뜨린 자
가 아니라면 그를 깊이 책망할지언정 조금이라도 박하게 대해서는 안

된다. 만일 그를 박하게 대할 뜻을 가지면 성의誠意가 이미 쇠해져서 그에게 비록 바른말을 한다 하더라도 능히 남을 감동시키지 못하고, 원망을 초래하기 쉽다."

8-9 벗을 사귀는 도리에 네 가지가 있는데, 재물을 통용하는 일은 그 가운데 들지 않는다. 가까이 있으면 그를 바로잡아주고, 멀리 있으면 그를 칭찬해주며, 즐거운 일이 있으면 그를 생각하고, 환란患亂이 있으면 그를 위해 목숨까지도 바칠 각오를 한다.

8-10 나이가 많으면서도 덕이 없고 지극히 가난하면서도 아끼지 않는 이 두 종류의 사람은 더불어 사귈 수 없다.

8-11 주자朱子는 이렇게 말하였다.

"자신도 오히려 자신의 마음을 유쾌하게 못하는데, 어떻게 다른 사람이 나의 마음을 유쾌하게 하겠는가. 요컨대 겸허한 마음으로 선善을 따르고 행하는 데에 달려 있다."

8-12 자신의 악惡을 다스리고 남의 악은 다스리지 말라. 자신의 악을 다스리되 주야로 점검하여 조금도 다하지 못하면 마음에 흐뭇하지 않은데, 어찌 다른 사람의 악을 점검할 겨를이 있겠는가.

≪예기禮記≫에 "남이 나에게 충성을 다 바치기를 바라지 말라." 하고, ≪시경詩經≫에 "내 몸도 돌보지 못하는데, 어느 겨를에 남을 돌보랴." 하였다.

8-13 남의 기색을 잘 살핀다고 하면서, 남의 잘못만 보고 남의 좋은 점을 보지 않는 자는 참으로 야박한 사람이다. 그러한 사람은 남과 좋게 지낸다 하더라도 나는 그의 마음속을 헤아리지 못하겠다.

8-14 남을 농락籠絡하는 술책을 부리고서 '나는 남을 잘 농락한다.'고 생각하나, 농락하는 그 사람에게 자신이 이미 농락당하고 있는 줄은 알지 못한다.

8-15 망령된 사람이 노여워하거든 온화함으로써 무마시키고, 편협한 사람이 의심하거든 정직함으로써 대하라.

8-16 일마다 미봉책을 써서 부딪치는 곳마다 파탄이 생기게 하는 자는 곧 재주 없는 소인이다. 그는 새로 알게 되는 사람을 농락하기 때문에 몇 달도 사귀는 벗이 없다.

8-17 평생 친한 친구는 중간에 혹시 소식이 끊겼더라도 언제나 염두에 두었다가 서로 만나게 되면 반갑게 해야 하고 서먹서먹해하며 무정한 듯해서는 안 된다.

8-18 어릴 때 친한 친구를 장성한 뒤에 혹 까닭 없이 서로 소원하게 대하는 자가 있으니, 이 같은 자는 천박한 사람이라 하겠다. 따라서 이들은 빈천貧賤할 때 서로 사귄 자를 부귀富貴한 뒤에는 서로 버릴 것임을 반드시 알 수 있다.

8-19 세도勢道 있는 사람은 아무리 수백 리 밖에 있을지라도 조금 아
프다는 소식만 들어도 반드시 찾아가 문병問病하나, 세도 없는 사람은
비록 이웃에 있으나 위독한 병이 있다는 소식을 들어도 한 번도 문병
하지 않는다. 이 같은 일에는 마땅히 옳은 일이 무엇인가를 따지고 나
에게 득이 될까의 여부를 살피지 말아야 한다. 잘 살펴서 몰인정한 처
지에 빠지지 말아야 한다.

8-20 전에 한 번 만나서 대화했던 사람을 여러 사람 속에서 갑자기
만났을 때 기억이 어렴풋하여 인사를 청하고 싶어도 의심이 날 경우
에는 반드시 그의 거동擧動을 자세히 살피고 혹은 옆 사람에게 물어
서, 전에 알던 사람임을 분명히 알고 난 뒤 내가 먼저 인사를 청하고
곧바로 자신의 민첩하지 못함을 사과하여 교만하다는 비방을 자초하
지 말아야 한다.

8-21 아무리 친한 벗이라도 너나들이해서는 안 된다. 어릴 때 사귄 처
지라도 각기 장성한 뒤에는 그대로 아명兒名을 불러서는 안 된다. 지
금 세상에는 어릴 때의 친구 사이에 너나들이를 하지 않으면 냉랭하
다고 생각하는데, 나는 그것을 의심스럽게 여긴다.

8-22 오늘날의 이른바 벗들은 걸핏하면 서로 욕설을 하는 것으로 즐
거움을 삼는다. 아들이니 손자니 사위니 조카니 하고 부르고, 또는 말
이니 소니 개니 돼지니 하고 부르며, 성명을 파자破字해서 아버지와
할아버지의 이름자에까지도 침범侵犯하여 욕보인다.

또 추하고 패악한 말을 마구 주고받음으로써 인류 도덕을 전연 무시하는데, 그것을 예사로 듣고 해괴하게 여기지도 않으며 "이와 같이 하지 않으면 친한 벗이 될 수 없다."고 한다.

아, 아버지나 할아버지는 전혀 이런 사실을 알지도 못하면서 집안에 불초한 자손을 둠으로써 날마다 경박한 자들의 추한 욕을 받게 된다. 이것은 또한 자손을 잘 가르치지 못했기 때문이니, 그 책임을 회피할 수 없을 것이다.

사람에게는 누군들 아버지와 할아버지가 없겠는가. 내가 만약 저 사람의 아버지와 할아버지를 침범하면 저 사람도 즉시 나의 아버지와 할아버지를 욕할 것이라는 것을 밝게 안다면 어찌 차마 욕을 할 수 있겠는가.

인류의 파멸이 말 한마디에 달려 있으니, 이 얼마나 불인不仁한 일인가. 이와 같은 사람은 비록 날마다 진수성찬으로 어른을 봉양한다 하더라도 집안의 몹쓸 놈이요, 나라의 인간답지 못한 백성이요, 윤리 예절의 죄인인 것이다.

8-23 몸가짐을 엄중히 하고, 단정한 벗을 사귀면 남들에게 존경을 받을 것이니, 남들이 감히 희롱하고 업신여기는 말로 나의 아버지나 할아버지 그리고 나의 몸을 침범하지 못할 것이다.

그 다음은, 처음에 남과 사귈 때 그 사람이 만일 함부로 나를 대하거든 모름지기 세속에서처럼 무례無禮한 말버릇을 하지 말자고 서로 약속한다. 후일에 그 사람이 먼저 잘못을 범하면 보복하지 말고 정색하고 그에게 이와 같이 무례해서는 안 된다고 말해주어야 한다.

그런 뒤에도 고치지 않고 두 번 세 번 반복하면 좋은 말로 조금도 용서하지 말고 다시 견책하는데, 이때 제삼자가 속이 좁다고 기롱해도 괘념하지 말라. 그 후에는 그 행동의 경중에 따라 소원하게 대하거나 절교하는 것이 좋다.

가장 나쁜 것은 그런 식으로 욕하는 것을 예사로 여기고 신기한 욕설을 또 생각해내어 물 흐르듯 서로 경쟁하여 주고받고 하면서 조금도 뉘우쳐 깨닫지 않는 일이다.

8-24 어떤 사람이 모르고 남의 할아버지와 아버지의 이름자를 그릇 범하면 발끈 성을 내는 자도 있고, 혹은 피하지 않을 것을 일부러 피하는 자도 있는데, 어찌 그리도 고루固陋한가. 그러나 남을 대할 때 자세히 살펴 그 이름자를 범하지 않는 것이 좋다.

8-25 사람의 심정은 누구나 남이 자기를 떠받드는 것을 좋아한다. 그러므로 맨 처음 사귈 때 서로 아끼고 사랑하는 것은 서로 떠받들기 때문이다. 그러나 사귄 지 오래되어 각기 상대방의 과실을 알고 서로 그것을 이야기하면 크게 비위를 거슬러 사귀지 못하고 비로소 등진다.

그런 까닭에 군자는 겸허謙虛함을 귀중히 여기고 언행言行을 삼가 하며 시종여일한 태도를 취한다. ≪시경詩經≫에 이렇게 말했다. "시작은 있지만 유종有終의 미美를 거두는 이는 적다."

8-26 지금 사람은 존장尊長을 뵐 때는 절을 하고 물러나올 때는 절을

하지 않는 자도 있는데, 그것은 예禮가 아니다. 열 살이 더 많아 노형老兄이라 칭하는 자를 볼 때에는 뵐 때나 물러나올 때나 반드시 절을 하는 것이 옳다.

8-27 혼인관계가 있는 집안은 형제의 의의가 있는 것이니, 비록 과실이 있다 하더라도 다른 사람에 비해 더욱 너그러이 대하여 화목한 정의情誼를 잃지 말아야 한다. 그가 먼저 과실을 범하더라도 의리에 크게 어긋나지 않거든 서로 보복할 마음을 갖지 말아야 옳다.

8-28 아우의 장인과 여동생의 시아버지는 나이가 나와 비슷하더라도 평소의 동류로서 대등하게 대하던 예로써 해서는 안 된다. 모름지기 존경하는 마음을 더하여 만날 때에는 반드시 절을 하고 존장尊長으로 칭해야 한다. 또 아내의 숙부는 나이가 나와 같다 하더라도 역시 존경하는 마음을 더해야 한다.

8-29 어릴 때 배운 몽학蒙學 선생이 비록 도학道學을 전수하는 선생과는 다르나, 몽학 선생이 아니면 어떻게 지혜가 열려서 도학을 전수하는 선생에게 배우러 가겠는가. 더구나 몽학 선생은 도학을 전수하는 선생에 비해 그 노고가 특히 많다. 그러므로 그 공로를 논한다면 몽학 선생에게는 평생을 변함없이 공경해야 한다.

자신이 두각을 나타냈다 해서 옛날 나를 가르치던 선생을 잊어서는 안 된다. 나는 어리석을 뿐더러 불행하게도 어릴 때부터 몽학 선생이 없었다.

8-30 도학을 전수받은 스승은 말할 것도 없이 존경해야 하는데, 다만 한 가지의 일, 한 가지의 재주를 받은 경우, 반드시 그 사람을 스승의 예禮로써 대접할 것은 아니지만 그 공功을 잊어서는 안 된다.

이른바 한 가지의 일, 한 가지의 재주를 내가 익혀서 그 사람보다 도리어 낫다 하더라도 그 사람을 능멸하거나 조소해서는 안 된다. 만일 그렇게 한다면 이것은 그 근본을 잊어버리는 일이다. 근본을 잊는 사람보다 더 상서롭지 못한 사람이 있겠는가.

8-31 나이 많은 사람, 학문 있는 사람, 엄정하고 바른말하기 좋아하는 사람을 싫어하거나 피하지 말라.

8-32 존장尊長 앞에서는 망건을 고쳐 쓰지 말고 옷을 고쳐 입지 말라. 머리털이나 살을 드러내는 것이 좋지 않기 때문이다.

8-33 존장이 나이를 묻거든 스무 살이면 스무 살, 서른 살이면 서른 살이라고 똑바로 대답해야 하고, 갑자생甲子生이니 을축생乙丑生이니 해서는 안 된다. 존장이 쉽게 계산하지 못할까 싶기 때문이다.

8-34 어른에게 과실이 있거든, 어른이 노여워할 때 간諫해서는 안 된다. 간언諫言이 받아들여지지 않을 뿐 아니라 과실만 더해지기 때문이다. 노기가 가라앉아 마음이 화평할 때를 기다려서 조용히 말하는 것이 좋다.

8-35 자신은 남을 잘 풍자諷刺한다고 해서 하는 말이지만, 그 폐단은 남을 거북스럽게 만들어 도리어 남을 해치는 쪽으로 흐르기 쉽다.

8-36 언어言語나 행동行動이 항상 남의 비위를 거스르는 자는 매우 주의해서 대해야 한다. 그가 무서워서가 아니라 바로 나를 공경하기 위한 것이다.

8-37 어떤 사람이 나에게 자기 시문詩文을 보이거든 재삼 자세히 읽고 나서 그 좋고 나쁜 점을 말해야 하고, 싫어하는 기색이나 비웃는 기색을 조금이라도 보여서는 안 된다. 스스로 경솔하고 야박野薄함을 드러내는 것일 뿐 아니라, 만일 편협한 사람을 만나면 해가 또한 이로 인해서 일어난다.

8-38 남의 재주나 예능을 칭찬할 때 천하의 제일이니, 고래古來로 둘도 없느니 하며 극도로 칭찬해서는 안 된다. 그것은 유식한 자에게 비웃음을 받게 될 뿐만 아니라 일부러 남에게 아첨하는 짓이 아니겠는가. 반면에 이런 칭찬 듣기를 갈망하다가 듣고 나서 자부하는 자는 반드시 어리석은 사람일 것이다.

8-39 지나친 칭찬은 아첨에 가깝고, 지나친 비방은 헐뜯음에 가까우며, 칭찬할 때 칭찬하지 않으면 인색하고, 비방할 때 비방하지 않으면 나약하다. 그러므로 먼저 식견을 확립해야 이 같은 네 가지 허물이 없을 것이다.

8-40 남과 처음 사귈 때 비록 마음에 든다 해도 얼른 지기知己라고 칭해서는 안 되고, 사귄 지 약간 오래된 사이엔 마음에 조금 거슬린다 해서 갑자기 절교를 논해서도 안 된다.

8-41 남이 글 읽을 때 글자의 음이나 뜻을 잘못 읽는다고 성급하게 비웃지 말라. 그것은 결코 이상한 일이 아니다. 내가 만일 참된 식견을 가졌거든 그에게 제시하여 바로잡아주는 것이 옳다.

8-42 예사로 말할 때 아무런 관련 없는 사람을 공연히 기롱하거나 꾸짖어서는 안 된다. 심지어 원래 깊이 알지도 못하면서 그의 죄를 마구 단정하기도 하는데, 그래서야 되겠는가. 이것은 마음 씀씀이의 병통이니 경계하지 않을 수 있겠는가.

8-43 어느 손님과 마주 앉아 은근히 이야기하다가 그 손님이 작별하고 겨우 문을 나가자마자 한자리에 있는 다른 손님과 더불어 떠난 손님의 평생 숨긴 비밀을 이야기하는 것은 인정이 넘치는 풍속이 아니다. 어찌 아까 그 손님과 은근히 이야기하던 것을 조금도 생각하지 않겠는가.

8-44 남을 몸 둘 바 없을 정도로 곤란하게 만들지 말라.

8-45 별명을 지어 남을 지목하는 것은 대단히 야박한 풍속이다.

8-46 과묵한 사람에게 사납다고 경솔히 지목하지 말고, 온순한 사람

에게 아첨한다고 경솔히 지칭하지 말라.

8-47 학식도 없으면서 스스로 정의감에 불탄다고 말하며, 기운을 뽐 내면서 과격한 말을 그칠 줄 모르는 자는 친할 사람이 못 된다. 행동이 이러하고서 죄에 빠지지 않을 자가 없다.

8-48 악한 사람은 미워하지 않을 수 없고, 불쌍하게 여기지 않을 수 없다. 불쌍하게 여기고 미워하는 것은 그가 인류의 한 사람에 들어 있음을 탄식하는 것이다.

8-49 사람의 심정은, 남에게 착한 점이 있다는 말을 듣기 싫어한다. 만약 일종의 질투하는 사람을 만나면 비록 자기가 애중愛重하는 사람이라 하더라도 그의 앞에서 극구 칭찬하여 그에게 꺼리는 마음을 도발하게 해서는 안 된다.

8-50 남이 가진 것을 투기하는 자는 나에게 없는 것을 극도로 혐오하는 사람이요, 남에게 없는 것을 비웃는 자는 나에게 있는 것을 자랑하는 사람이다.

8-51 남의 말 한 마디, 일 한 가지를 선뜻 보고서 그 사람의 평생을 속단해서는 안 된다.

8-52 사리事理를 모르는 사람에게 그가 하고 싶어 하지 않는 것을 억지로 권하지 말라.

8-53 한 가지 일이 마음에 맞지 않는다 해서 일마다 남을 의심한다면, 어찌 좋은 벗이며 착한 선비이겠는가.

8-54 송宋나라 때 학자 위섬지魏掞之(1116~1173)는 남과 사귈 때 그 사람의 좋은 점은 아름답게 여기고 잘못된 점은 고쳐주었다. 그리고 젊은 후생後生 중에 예절을 갖추어 오는 자가 있을 때 그에게 조그마한 장점이 있으면 반드시 이끌어 성취시켰다.

어떤 사람이 위섬지더러 명예를 좋아한다고 비방하자, 위섬지는 두려워하는 태도로 말하였다.

"사람들로 하여금 이런 혐의嫌疑를 피하게 하면 착한 행동을 하는 길이 끊어질 것이다."

원元나라 때 학자 정사렴程思廉은 남과 사귈 때 처음이나 나중이나 변함이 없었다. 혹시 벗이 아프거나 죽어서 문병하고 부조하게 될 때에는 가고 오는 거리가 수백 리가 되어도 그 노고를 꺼리지 않았고, 벗의 가사를 돌보고 자손과 가족을 보살피는 데 더욱 은혜를 베풀었다. 그리고 그는 인물 추천하기를 좋아하였는데, 어떤 사람이 명예를 좋아한다고 하자 정사렴은 말하였다.

"만일 명예를 좋아한다는 기롱을 피한다면 사람들은 감히 착한 일을 하지 못할 것이다."

8-55 명明나라 때 시인 동운董澐(1457~1533)은 이렇게 말했다.

"조금이라도 남을 싫어하는 마음을 갖는다면 그것이 바로 불경

不敬이다. 조금만 이런 마음을 갖는다면 남이 먼저 나를 싫어한다."

명나라 때 학자 추덕함鄒德涵(1538~1581)은 이렇게 말했다.

"사람을 너무 속되게 보니 이는 학자의 병통이다."

이 두 사람의 말은 남을 대하고 세상을 살아감에 있어 크게 효과가 있을 것이다.

8-56 남을 만나서 말할 때에는 먼저 본인의 안부를 묻고, 그 다음 부모의 안부를 묻고, 그 다음 근래 하는 일을 묻고, 그 다음 생활 상태를 물어라. 사람에 따라서 차서次序로 물을 만한 일이 다를 수는 있는 것이다.

그런데 세상에서 어떤 사람은 젊은이나 신분 지위가 낮은 자를 만나면 인사를 전폐하고 한 가지도 물어보지 않으니, 교만이 아니면 몰인정한 사람이다.

8-57 명나라 때 학자 당추唐樞(1497~1574)가 여러 벗들과 밤에 이야기하다가 자려고 할 때 벗들에게 물었다.

"지금 해야 할 일이 이제 없는가?"

여러 벗들은 없다고 하자, 당추가 말하였다.

"밤은 차가운데, 우리들은 매우 즐겁게 술을 마셨지만, 수행원들은 아직도 잘 곳이 없는데, 어찌 할 일이 없단 말인가."

명나라 때 학자 노탁魯鐸이 과거를 보러 먼 길을 가다가 눈비를 만났다. 밤에 여관에서 쉬는데, 어린 마부가 추위에 시달리는 것을 가엾

게 여겨 곧 그를 이불 속에 들어와 자게 하고, 따라서 이렇게 시詩를
지었다.

반쯤 해진 푸른 적삼일랑 겨우 걸치고	半破青衫弱稱兒
그 어린 것이 어떻게 큰 말을 몰았을까	馬前怎得浪驅馳
부모의 입장에서 보면 모두 귀한 자식	凡由父母皆言子
나와 여염집 사람, 뭐 그리 대단한 차이가 있나	小異閭閻我却誰
세속일 세상인심에 좌우되니 가소롭기도 하고	事在世情皆可笑
내 어린 것 생각하면 은혜 베풀기 어렵지 않네	恩從吾幼未難推
내일 다시 진흙길에 이 아이 힘 빌려야 하니	泥塗還藉來朝力
어린 마부 너그럽게 대했다고 하등 의심 말라	伸縮相加莫漫疑

만일 남의 윗사람 된 자가 이상 두 가지 일을 체험한다면 아랫사람
을 부릴 때 포악하지 않을 것이다.

8-58 시골 사람이 혹 곡식이나 포목으로 무엇을 바꾸는 등 자질구레
한 일을 번거롭게 나더러 주선해달라고 부탁하거든, 내가 비록 부귀하
다 하더라도 싫어하며 거절해서는 안 된다. 마땅히 힘에 따라 주선하
여 그 일을 구제하는 것이 군자로서 당연히 할 일이다.

8-59 남이 혹시 나에게 무슨 일을 부탁하거든 할 만한 일인가를 깊
이 생각해서 승낙해야 한다. 만일 남의 부탁을 듣자마자 차마 거절하
지 못하여 경솔히 승낙하고는 뒤에 가서 말을 꾸며대며 하지 못한다
고 하면 그 일은 결국 낭패가 되고, 상대방은 오히려 처음부터 하지 못

한다고 거절한 사람을 더 신뢰하게 될 것이니, 이것은 성격상 큰 병통이다. 혹시 이런 일을 저지를까 싶으니 깊이 경계하라.

8-60 가장 두려운 것은 얼굴이 두툼하고 말을 간략하게 하는 소인이다. 그의 마음을 헤아리기 어려워 그의 말에 빠지기 쉽기 때문이다.

8-61 남을 너무 의심하면 참소讒訴하는 말이 따라 들어오게 되고 마음이 그로 인해서 편치 못하게 되니, 조금 너그럽게 생각해보는 것이 좋다.

8-62 나쁜 사람의 심리는 남들이 사이좋게 지내는 것을 시기질투하고 반드시 이간질하여 서로 떨어지게 하려 한다.

8-63 선비는 자기 의견과 다른 남의 의견을 만났을 때 기를 쓰며 다투어서는 안 된다. 나의 체모體貌만 손상할 뿐이기 때문이다. 그저 따르지 않는 것이 옳다.

　뜻이 맞지 않는 자를 자기의 힘으로 제재할 수 없을 경우, 당대의 유명하고 세력 있는 사람을 끌어와 거짓말하기를 "아무개의 아무 일은 모모 분이 몹시 비난하더군, 내가 직접 들었는데 매우 위험한 일이구려. 내가 그대를 위해 해명해주리라." 하기 마련인데, 그가 말한 모모 분은 일찍이 비난한 적도 없고 설사 비난한다 하더라도 해명해주기는커녕 도리어 그대를 모함할 자이다. 나는 그런 행위를 몹시 부끄럽게 여기는 동시에 그런 무리와는 사귀기를 원하지 않는다.

8-64 남의 소송 싸움에 잘 참견하거나 남의 은밀한 일을 가까이에서 달콤하게 듣고는 다른 사람에게 퍼뜨리는 것은 소인小人의 기상 중에서도 가장 나쁜 것이다. 사람의 심정이란 남의 허물 듣기를 좋아한다. 이런 죄를 범하기 쉬우니, 더욱 성찰하라.

8-65 희롱 삼아 남을 속이지 말라. 희롱하기 위해서 남을 속이는 자는 여기저기서 해를 막심하게 당하고, 놀려주기 위해서 남을 속이는 경우 상대방이 죽기도 하고 자신이 도리어 피살당하게 되니, 어찌 한심하지 않은가.

8-66 무릇 남에게 부탁할 일이 있어서 은근한 언사言辭로 평소보다 배나 친절을 베푸는 것은 참으로 세속의 야박한 풍속이니, 이른바 언사로 친절을 베푸는 것에는 진실도 거짓도 함께 있기 때문이다.

8-67 귀에다 대고 소곤거리고 눈을 껌뻑거리는 어떤 손님이 자리에 있고 주인이 자주 들락날락하거든 그 자리에 오래 앉아 있어서는 안 되고, 그런 집에 자주 가도 안 된다. 그 주인은 필시 시정잡배市井雜輩일 것이다.

8-68 남의 집에 갔을 때 그 주인이 바쁜 기색氣色이 있거나 수심愁心에 잠겨 말하지 않거나, 바쁜 기색으로 안채에 드나들거나 하거든 즉시 물러나와야지 오래 앉아 있어서는 안 된다.

8-69 손님으로 주인을 찾아보았을 때 주인이 병을 앓고 누웠다가 억지로 일어나고, 얼굴을 찌푸려 아픔을 참는 기색이 있거든 손은 반드시 눕기를 권하고 곧 물러나와야 한다. 매우 추울 때나 더울 때 남의 집에 조문을 가서 오래 머물러 긴 이야기를 해서는 안 된다. 그 주인에게 폐를 끼칠까 싶기 때문이다.

8-70 상가喪家에 갔을 때에는 시끄럽게 웃거나 농담해서는 안 되니, 상사喪事 이외의 일은 말하지 말고 내내 측은한 기색을 가져라. 만일 맡은 일이 있거든 마음을 기울여 행하며, 주인이 예禮를 좋아하거든 예서禮書를 상고하여 실례되는 일이 없게 도와주고, 주인이 속되어 예를 좋아하지 않고 나의 말을 듣지 않거든 번거롭게 굳이 변론해서는 안 된다.

8-71 친지가 상을 당했을 경우, 거리가 멀면 위문하는 편지를 써서 보내고, 거리가 가까우면 직접 가서 조문하라. 친소간을 막론하고 특별한 까닭이 없을 경우에는 조금도 지체 없이 시행해야 한다. 세상에는 혹 위문하는 글을 쓰지 않고 조문하지 않는 것을 고상한 태도로 아는 자도 있는데, 내가 볼 때 그것은 결코 좋은 일이 아니다.

8-72 볼일이 있어서 남의 집에 찾아갔을 때, 그 사람이 우연히 집에 없더라도 "내가 왔는데 왜 집에 없을까."라고 투덜거려서는 안 된다.

8-73 먼 곳에 사는 가난한 친척을 찾아갔을 때 그 집에서 만일 호의好

意를 베풀어 음식을 준비하고 머물기를 권하거든 마땅히 억지로라도 머물러서 그 음식을 먹어야 한다.

폐 끼치는 것만을 염려하여 그 호의를 무시하고 훌쩍 떠나버려서는 안 된다. 이것은 비록 남을 생각해주는 좋은 뜻에서 취하는 처사이지만 결국 박정薄情한 일이 되는 것을 알지 못하는 것이다.

8-74 절에 가서 승려에게 억지로 얻어먹지 말고, 사나운 승려를 건드리며 호기를 부리지 말며, 돌로 부처의 귀를 문지르지 말며, 여색女色을 주제로 음담패설淫談悖說을 하며 여승女僧을 희롱하지 말라.

8-75 남과 함께 모였을 때 어떤 사람이 혹시 술이나 반찬을 마구 먹어서, 내가 먹을 것이 매우 적더라도 꾸짖으며 노기怒氣를 얼굴빛에 나타내어서는 안 된다.

8-76 좋은 날이나 명절 때에 벗들이 즐겁게 놀기 위하여 주식대酒食代를 추렴하자고 하거든 인색하거나 피하거나 억지로 응낙하거나 하지 말라. 만일 가난해서 제공할 것이 없더라도 부끄러워하지 말고 구차하게 마련하여 가난을 숨기려고 하지도 말며, 나는 준비됐다고 해서 준비 못한 사람을 조소嘲笑하지도 말라.

8-77 남과 유람할 때에는 동반하는 무리와 행동을 같이해야지 따로 이의를 제기하여 남과 어긋나서는 안 된다. 만일 앞서 가거나 뒤에 당도하거나 혹은 혼자 딴 곳에 앉거나 또는 동반하는 사람을 바삐 재촉

하는 행동은 모두가 함께 유람하는 의의를 잃은 일이다.

8-78 서로 모이기로 약속했을 때 혹 어떤 사람이 때가 지나도 오지 않거든 왜 그가 약속을 실천하지 않는지 서서히 생각해볼 것이지 조급하게 책망해서는 안 된다. 대개 서로 약속하고 시간을 어기는 것은 인간의 도리에 벗어나는 일이다.

8-79 남과 함께 글을 볼 경우 나는 비록 다 이해했더라도 얼른 책장을 넘겨서는 안 되니, 조금 지체하고 또 상대방에게 다 보았는가 하고 물어라.

8-80 무릇 과거 시험장에 들어갔을 때, 내가 비록 글을 다 지어 일찍 제출하였더라도 함께 시험 보는 사람이 아직 제출하지 못했거든 비록 해가 저물 때에 이르더라도 먹을 갈아주고 식사를 권해주고 글자를 점검해줄 것이요, 재촉해서 글이 잘못되게 해서는 안 되며, 또 일산日傘을 접고 자리를 걷는 등 급박하게 소란을 피우며 그를 버리고 가지 말아야 한다.

8-81 여럿이 모인 자리에서는 손에 책을 쥐고 말없이 외따로 앉아 있어서는 안 된다. 그것은 오만에 가깝기 때문이다. 남이 혹시 그럴 때에는 "그대는 왜 말을 않는가? 책을 꼭 보아야 하는가?" 하면서 그 사람의 책을 빼앗아두어서는 안 된다. 그것은 거친 행동에 가깝기 때문이다.

8-82 무릇 남의 집에 갔을 때, 자리 주변에 찢어진 편지가 있거든 주워서 자세히 보아서는 안 되고, 책상에 책력冊曆이 있거든 뒤져보아서는 안 된다. 그것은 장부帳簿처럼 사사로운 기록이 많이 있기 때문이다. 천장이나 사면 벽, 그리고 방바닥에 붙은 종이에 은은히 비치는 글자를 눈여겨보아서는 안 된다.

8-83 평소 사랑하고 존경하는 벗의 편지는 찢거나 더럽히거나 휴지로 사용해서는 안 된다. 삼가 날짜를 적어 깊이 간직했다가, 떨어져 있을 때 보고 싶거나 죽은 뒤에 감회가 있거든 수시로 그 편지를 펼쳐 읽어서 마음을 달랠 것이다.

8-84 집안 식구가 죽을병이 났을 때 만약 의원의 치료로 살아났거든, 그 의원을 평생 공경하여 은혜를 잊지 말아야 하고, 그에게 혹시 조그마한 하자가 있더라도 너그럽게 용서하는 것이 옳다.

8-85 어떤 사람이 혹시 취중醉中에 실수를 하고 망언을 하거든 크게 괴상히 여기지 말고 마땅히 마음속으로 '술이 사람을 미치게 하기 때문에 저 사람이 저렇다. 일찍이 보건대 저 사람이 술이 깨면 본래 그렇지 않더라.'고 생각해야 하며, 술이 깨거든 취했을 때 실수한 일을 조용히 대략 말하면 그가 반드시 후회하고 부끄러워할 것이다. 그리고 그가 취했을 때의 일을 다른 사람에게 절대로 말해서는 안 된다.

8-86 다른 사람이 취해서 주정酒酊하는 것은 용서할지언정, 자기가

취해서 주정하는 것은 용서해서는 안 된다.

8-87 어떤 사람이 혹시 병으로 원기元氣가 부쳐서 응수를 잘 못하거든, 인정 없는 사람이라고 책망해서는 안 된다. 평일에는 그렇지 않던 사람이 지금 병이 있어 그렇기 때문이니 용서해야 한다.

나는 몸이 약해서 병을 곧잘 앓아 담소할 때 자연 무뚝뚝하므로 남들이 혹 나무라기도 했는데 부끄럽고 황공하다.

8-88 환자를 볼 때는 병세가 아무리 위독해도 위독하다는 말을 하지 말고 안심하고 잘 조리하라고 위안할 뿐이며, 약이나 민간처방民間處方을 망령되이 권하지 말라.

8-89 남의 밥을 먹고 토사곽란吐瀉癨亂을 앓게 되었거나 혹은 옴이 오른 사람을 가까이해서 전염되었거나 남으로 인하여 병을 얻은 경우라도 말끝마다 그 사람을 나무라서는 안 되며, 집안사람이 설령 나무라더라도 금지시키는 것이 인정 넘치는 도리이다.

8-90 마침 남의 집에 가 있을 때 집안사람이 와서 손님이 찾아왔다고 전하거든, 비록 하는 일이 있더라도 버려두고 곧 일어나서 집에 돌아가 손님을 볼 것이다.

8-91 자녀들과 노비들에게 손님이 오거든 즉시 통지하고 주인이 집에 없다고 속이지 말도록 항상 주의시켜야 한다. 집에 편안히 붙어 있

지 못하고 분분하게 밖에 나다니는 자는 이미 마음이 방탕한 사람이다.

8-92 만일 안채에 들어갔을 때 손님이 왔다는 소식을 듣거든 일이 있더라도 팽개치고 곧 나가야 하고, 식사 중 미처 반도 안 먹었을 때에는 남은 밥을 사랑채로 가지고 나가야 하며, 지체하여 손님으로 하여금 방황하게 해서는 안 된다.

8-93 내가 무슨 일을 하려고 할 때 손님이 오래 앉아 있어도 찌푸리는 기색氣色을 해서는 안 된다. 무슨 일을 하려 한다면 솔직하게 알리면 그 손님이 당연히 물러갈 것이다.

8-94 명사名士나 귀한 손님이 우연히 방문했거나 혹은 편지로 물어온 일이 있을지라도 남에게 그것을 자랑하며 영광으로 여겨서는 안 된다.

8-95 집에 사나운 개를 기르는 것은 찾아온 손님을 대접하는 도리가 아니다. 손님이 막 문에 들어오려 하다가 개가 마구 짖어대며 물려고 하여 두려워하고 물러서거든, 주인은 뜰아래에 내려가서 친히 개를 꾸짖어 멀리 쫓아야 하지 "그 개는 사람을 물지 않으니 두려워하지 마시오."라고 해서는 안 된다.

8-96 내가 손님을 기분 좋게 대접하기 위해 술상이나 밥상을 준비할 때, 집사람이 잘 장만하지 못하거나 너무 지연된다고 소리치거나 얼굴빛을 변하지 말고 그 이유를 깊이 생각해서 잘 처리해야 하고, 아랫사

람을 때리거나 나무라서도 안 된다. 한바탕 소란을 피우는 것이 비록 손님을 잘 대접하기 위한 열성에서 빚어진 일이라 하나, 손님의 마음 이 매우 불안해할 것이다.

8-97 막 식사할 때 손님이 오면 반드시 손님에게 식사를 권하되 손님 이 굳이 사양하거든 그만두라. 또한 괴롭게 권해서는 안 되니, 번거로 운 일이 될까 싶어서다.

8-98 여러 사람과 함께 있을 때 어떤 사람이 어른스런 말을 하거든 반 드시 공손하게 들으라. 고리타분한 말이라고 조소해서는 안 된다.

8-99 무릇 내가 우환憂患이 있거나 곤궁할 때에 힘을 쓰고 재물을 내 어 도와준 사람은 마땅히 기록해 잘 간직하고서 종신토록 그 은혜를 잊지 말고 갚기를 생각해야 한다.

8-100 이웃간에는 도의상 그릇이나 책 따위를 반드시 서로 빌리기도 하며 빌려주기도 해야 한다. 굶주리는 집이 있으면 돈이나 곡식으로 돕고 아픈 집이 있으면 약을 주어야 한다.

그리고 경사스러운 일이나 슬픈 일을 당했으면 물질로도 돕고 인 력으로도 도우며, 만일 물질이나 인력이 없을 경우에는 몸소 가서 보 살펴주고 혹은 서신으로도 위로하거나 경하해야 하고 먼 데 있는 사 람을 보듯이 해서는 안 된다.

대개 서울은 풍속이 투박하여 오히려 순박한 옛 풍속이 남아 있는 시골만 못하다.

8-101 가난을 편안히 여기지 못하는 속세 사람을 깊이 책망하는 자는 역시 시대의 사정을 모르는 사람이다. 어찌 학자가 지키는 지조志操를 속세 사람에게 바랄 수 있겠는가.

8-102 걸인乞人이 와서 구걸할 때에는 먼저 멸시하는 마음을 억제하고 불쌍히 여겨 도와주어야 하고, 만약 도와줄 물건이 없거든 부드러운 말씨로 타일러서 보내야 한다. 걸인은 원래가 흔히 본심을 잃은 자들이니, 혹 멸시하다가 도리어 성을 내어 나에게 욕할지도 모른다.

8-103 스스로 남을 도와주기를 좋아한다 하면서 완급緩急·경중輕重·친소親疎·후박厚薄을 구별하지 않는다면 명예는 도리어 헛된 것이 되고 원망 또한 깊이 쌓일 것이니, 패망을 자초할 뿐이다. 송宋나라 때 학자 장괴張瓌(1004~1073)가 말하였다.

"두杜 아무개가 남을 도와주던 것은 누구나 할 수 있지만, 그가 망령되이 도와주지 않은 것은 아무나 할 수 있는 일이 아니다."

8-104 부자에게 돈을 빌려달라고 요구할 때 그가 혹시 대차貸借해주지 않더라도 그의 인색함을 굳이 비난하며 원망하거나 화를 내어서는 안 된다. '이 세상에는 나와 같은 사람이 많을 것인데, 그가 아무리 부자라 해도 어떻게 일일이 도와줄 수 있겠는가.' 하고 차분히 생각하면 마음이 자연히 가라앉을 것이다.

8-105 가난한 집 사람들은 추위와 배고픔으로 서로 책망하고 원망하여 화기애애한 분위기가 없으니, 이 어찌 상서로운 일이겠는가. 모름지기 차분히 생각을 바꾸어 각자 측은하게 여긴다면 원망이 사라지고 은혜와 사랑이 이를 것이니, 비록 술지게미를 먹고 나물을 씹는다 하더라도 더욱 맛이 나고 화기가 애애할 것이다.

8-106 내가 부유하고 학문도 꽤 좋아하는데, 평소 절친한 친구 중에 굶주림에 허덕이면서도 나에게 재물이나 곡식을 빌려달라고 입을 여는 사람이 한 명도 없다면 어찌 이상한 일이 아니겠는가.

이때 나는 사람으로서 다만 인吝(인색)이란 한 글자에 묻혀 있을 뿐이다. 그렇다면 학문을 좋아한다는 것은 진짜 학문을 좋아하는 것이 아니고, 친절하다는 것도 진짜 친절한 것이 아니니, 크게 반성해야 할 것이다.

선비는 비록 가난하더라도 흉중에 항시 옛날 춘추春秋시대 때 안영晏嬰(?~B.C.500)이 70호戶를 먹여 살리던 일*과 송宋나라 때 학자 범중엄范仲淹(989~1052)이 의전義田을 두어 친족을 도움으로써 조상의 부탁을 저버리지 않았던 일**을 마음에 간직한 뒤에야 부귀가 쓸모가 있는 것이다.

* 안영은 춘추시대 제齊나라 경공景公 때의 대부大夫로, 당시 안영의 구호를 받으면서 살아가는 집이 70여 호였다고 한다.
** 송나라 때의 범중엄이 가난한 친척을 위하여 토지를 내놓고서 그 수입으로 친척을 구제하게 하였는데, 그 토지의 이름을 의전義田이라 하였다.

9. 아랫사람을 대하거나 부릴 때

9-1 너무 엄하면 사나운 자식은 떠나가게 되고, 너무 사랑하면 교활한 자식은 방자하게 되니, 남의 어버이 된 도리는 엄함과 사랑의 중간을 취해야 한다.

9-2 자녀들이 과오過誤를 범하거든 다정스럽게 견책해야 하고, 절대로 때를 지나서 성내면 안 된다.

9-3 자녀, 아우, 조카, 아내 등이 잘못을 범했을 때에는 과실의 경중에 따라 본인에 대해서 자상하게 견책하거나 또는 단호하게 꾸짖을 것이다. 그리고 여지없이 말을 끊거나 다른 사람이 알게 해서도 안 된다. 세상에는 혹 분노를 참지 못해 남에게 그 잘못을 말하는 자도 있는데, 이것은 이간질이 스며들기 쉽고 윤리가 땅에 떨어질 징조다. 그 분노가 설사 지극한 사랑에서 생긴 것이라 하더라도 역시 조장해서는 안 된다.

공자孔子는 "아버지는 아들의 죄과罪過를 숨겨주고, 아들은 아버지의 죄과를 숨겨주더라도 정직함이 그 가운데 있다."라고 말한 바 있다. 그 해석은 "친근한 자를 위해 숨긴 것이다."라고 하였다. 혈족血族은 나서서 관가官家에 고발하지 않는다는 뜻이다.

9-4 자녀나 아우, 종이나 하인이 우연히 과오過誤를 범했을 때에는 즉석에서 경계하거나 꾸짖고 흉중에 간직하지 말라. 후일 다른 과오를 범했을 때에는 전일의 과오를 열거하여 시끄럽게 꾸짖어서는 안 된다.

9-5 어린이에게 비록 과실이 있더라도 함부로 꾸짖지 말고 마구 때리지 말라. 마구 때리는 사람은 아이 몸의 중요한 부분을 구별하지 못하고 때릴 수 있다.

9-6 아내와 자식에게 비록 여의치 않는 점이 있더라도 하인에게 하듯이 큰소리로 나무라서는 안 된다. 그리고 '쫓아버린다'느니, '관계를 끊어버린다'느니 하는 말을 한다면, 그들에게 이때까지 베푼 은혜는 거짓이 되고, 위엄 또한 펴지지 않게 된다.

9-7 시아버지나 시어머니가 생일날 신부에게 성대하게 음식을 차려오게 하고는, 친족이나 손님들에게 자랑하는 것은 악하고 인자하지 못한 처사에 가깝다.

9-8 남에게 자기 처妻나 자녀의 재능을 자랑하거나 그 과실過失을 들추어낸다면, 일은 비록 반대되나 인정人情과 상식常識을 어기는 것은 동일하다. 그것은 사랑에 빠지고 악을 꾀하기 때문이다.

9-9 집안사람에게는 사랑과 미움의 어느 한쪽에 치우쳐서는 안 된다. 아, 참소와 아첨이 일어나매 편들고 억누르는 일이 성해지도다. 한 집

안에서 각기 문호門戶를 세우면 가정의 법도가 비로소 뒤집힌다. 그러므로 가장家長이 된 사람은 공명정대해야만 집안을 다스릴 수 있는 것이다.

9-10 어떤 사람이 가정을 이끄는 요결을 묻기에 내가 이렇게 답하였다.

"가장은 차마 듣지 못할 말을 하지 말고, 가족들은 감히 하지 못할 말을 하지 않는다면 가법家法이 이루어질 것이다."

9-11 별안간 화내지 않도록 억제하고 번거로운 말을 생략하는 것이 가정을 다스리고 사람을 통솔하는 데 있어서의 급선무다.

9-12 날씨가 음산하면 새가 울음을 그치게 되고, 가장이 화를 내면 처자가 마음을 태우게 된다. 그러므로 가정의 권한을 잡은 자는 화기애애한 분위기를 만들어 가족을 이끌어야 한다.

9-13 화가 난다고 식사를 하지 않으면 나의 몸만 크게 상하게 된다. 막 화가 날 때 밥을 대하면 '밥을 먹지 않아야 화를 내게 만든 상대편을 겁줄 수 있으리라.'는 마음이 문득 싹트게 되니, 이때에 모름지기 용감하게 마음을 돌려서 '내가 만일 먹지 않으면 가족들도 모두 두려워하며 먹지 않을 것이다. 나 한 사람으로 인하여 여러 사람이 모두 굶게 하는 것도 차마 못할 일인데, 식구 중에 혹 몸이 허약하여 곧잘 병을 앓는 자가 먹고 싶은 밥을 먹지 못하여 몸을 상하게 되는 일이 있게 된다면 어찌 가엾지 않겠는가.'라고 생각하여 혼연히 노기를 가라앉혀

가족들을 잘 달래서 단란하게 식사를 할 것이다.

또 '얼마 안 가서 나의 노기가 가라앉고 배고픈 생각이 나서 비로소 밥을 달라고 하여 배불리 먹는다면 하인이나 식모들이 어찌 속으로 비웃지 않겠는가. 그렇게 되면 그 구차스러움이 어떻겠는가.' 하고 깊이 생각하여 즉시 일어나서 식사할 것이다.

9-14 화가 난다고 남을 책망할 때 그의 눈, 입, 머리, 낯, 걸음걸이, 말소리를 지적하여 도둑, 귀신, 오랑캐, 독사, 여우, 승냥이, 개, 돼지 등 천한 물건이나 옛날의 악한 사람에 비유해서는 안 된다.

≪예기≫에 "남을 비유할 때에는 반드시 같은 무리로 비유하라." 라고 하였다

9-15 어떤 사람이 성격이 조급하면서 노둔하여 걸음걸이나 보고 듣고 응대하고 일을 처리하는 데 있어 소략하고 민첩하지 못하더라도, 소경이니 귀머거리니 벙어리니 곰배팔이니 절름발이니 하고 꾸짖지 말아야 한다.

9-16 어린 사람이 과실을 범했을 때에는 그 과실의 경중에 따라 은밀히 경고하거나 엄격히 꾸짖어야 하지 거센 목소리에 노기 띤 얼굴로 중언부언重言復言하여 착란을 일으켜서는 안 된다. 은혜와 위엄을 다 잃을 뿐만 아니라 또한 인정과 의리에 손상이 있을까 염려되기 때문이다.

9-17 같은 마을에 사는 천인賤人을 한때의 사소한 분노로 인하여 핍박하거나 구타해서는 안 된다. 작게는 상처가 나고 크게는 목숨을 잃게 되고, 그 경중에 따라 죄와 벌도 즉시 뒤따른다. 한때의 분노로 인하여 일생의 흠을 남긴다면 어찌 한심하지 않겠는가.

우리나라 사대부士大夫들은 세력이 막강하고 명분을 빙자하므로 그 못된 버릇을 고치기 어렵다. 잘난 체하여 욕이나 당하고 화를 스스로 불러오게 마련이니, 절대 명심해야 한다.

9-18 내 집 하인이 남과 싸울 경우, 시비를 가려 남이 옳고 하인이 잘못했으면 조금도 비호庇護하지 말고 그 죄를 밝게 다스리고, 하인이 설령 잘못이 없더라도 남과 싸운 것은 호되게 꾸짖어야 하며, 또 상호간 보복을 금해야 한다. 내 집 하인을 편들고 남을 핍박逼迫해서는 안 된다.

9-19 영리하고 아첨하는 하인을 가볍게 대하지 말라. 먼저는 업신여김을 받고 뒤에는 속임을 받게 된다.

9-20 담헌湛軒 홍대용洪大容(1731~1783)은 말하였다.

"남의 집에 갔을 때 그 집 하인이 손님을 보고 공손히 맞이해 절하는 태도를 보면 그 주인이 집안을 잘 다스리고 있음을 알 수 있다."

근세 사대부들은 집안사람을 잘 단속하지 못하므로 손님이 와도 하인은 걸터앉아서 담뱃대를 물고 있는가 하면, 즉시 주인에게 알리지도 않고 또는 거만한 말을 하기도 한다. 그러므로 담헌이 일찍이 경계하는 뜻에서 이런 탄식을 한 것이다.

9-21 자기 집 하인이 몸이 아프다고 말하거든 꾀병한다고 꾸짖거나 강제로 일을 시키지 말라.

9-22 비천한 사람이 절하고 뵙거든 반드시 부드러운 안색으로 '요즘 잘 지내는가?'라고 물어야 한다.

10. 사물에 대한 대처

10-1 농사짓고 나무하고 고기를 잡고 짐승을 치는 일은 인생의 본업이다. 목수의 일, 미장이의 일, 대장장이의 일, 옹기장이의 일에서부터 새끼 꼬는 일, 신 삼는 일, 그물 뜨는 일, 발 엮는 일, 먹 만들고 붓 만드는 일, 재단하는 일, 책 매는 일, 술 빚는 일, 밥 짓는 일에 이르기까지 일상생활에 필요로 하는 일은 글을 읽고 행실을 닦는 여가에 때때로 배워 익혀야지, 조그만 기예技藝라 해서 멸시해서는 안 된다.

10-2 글 읽는 일에만 도취되고 사리에 어두운 자는 완전한 사람이 아니다. 한漢나라 때 어떤 선비가 글 읽는 일에만 정신을 쓰다가 아내가 마당에 널어놓은 보리를 부탁했는데도 폭우에 보리가 떠내려가도 몰랐던 것은 좋은 일이 아니다.

10-3 군자가 글 읽는 여가에 울타리를 매고 담을 쌓거나 뜰을 쓸고 변소를 치고 말을 먹이고 물꼬를 보고 방아를 찧는 일을 때때로 한다면 근골筋骨이 단단해지고 마음도 안정된다.

10-4 집안 재산을 잘 관리하여 집을 보전하는 것이 녹봉祿俸을 구하는 것보다 낫고, 섭생攝生을 잘하여 몸을 보전하는 것이 부처에게 아

첨하는 것보다 낫다.

10-5 어버이가 굶주리고 계시면 어찌하겠는가. 간사하고 참람되는 일이 아니라면 지혜와 힘을 헤아려서 노력할 뿐이다. 장사하는 것도 좋고 품팔이하는 것도 좋다. 그러나 능히 습속을 초월해서 이런 일을 할자가 그 누구이겠는가.

10-6 군자는 생활을 무능無能하게 해서는 안 된다. 부모는 굶주린 지 오래되었을 것이니 논할 것도 없거니와, 처자를 능히 보전하지 못한다면 또한 어찌 인자한 사람이라 하겠는가.

10-7 경치를 즐기는 것, 꽃과 새를 기르는 것, 그림을 그리는 것, 골동품을 수집하는 것 등은 그 고상한 취미가 술을 마시고 여색을 탐하거나 재산의 증식에 힘쓰는 것보다 나은 것이다. 그러나 그것에 도취되어 인간 본성을 상하게 하고 학업을 망치며, 심지어는 남의 물건을 빼앗거나 또는 남에게 빼앗기게 되는 등의 파탄에 이른다면 그 해는 도리어 술과 여색이나 재산에 빠지는 것보다 더 큰 것이다.

원元나라 때 학자 우집虞集(1272~1348)은 이렇게 말했다.

"군자는 은거해서 그 뜻을 고상하고 높게 기르며 옳은 일을 행하여 그 도道를 넓게 창달해야 하므로, 어디에 살든 어디에 거처하든 장소에 따라서 스스로 만족을 느껴야 한다. 그런데 반드시 산 좋고 물 좋으며 멋있는 나무와 꽃들이 있는 경치 좋은 곳만 택하려 한다면 그 뜻이 거칠어질 것이다. 그 때문에 문예文藝가 남보다 뛰어나 운치가 높고 호방한데도 탁월한 품격이 없는 자는 뜻이 거친 것이다."

10-8 선비가 음식 타박이나 하고 물건의 정결함에 신경을 쓰고 줄곧 그것을 감시하여 조금 마음에 들지 않을 때엔 집안사람을 호통치고 심한 경우엔 쏟아버리기까지 한다면, 경박한 행동치고 이보다 심한 것이 없는데 나는 그런 처사를 많이 보았다. 이 같은 사람은 반드시 숨은 재앙을 받을 것이니, 경계하지 않으랴.

10-9 물건이나 재물財物의 득실得失과 성패成敗는 마치 인생에 있어서의 생사生死의 이치와 마찬가지인 것이다. 그것이 유실되었거나 파괴되었을 경우는 한 번쯤 잘 간직하지 못한 것을 책망할 뿐이요, 이미 때를 지나서 아깝게 여겨 자녀나 하인을 때리고 나무라서는 안 된다.

10-10 남의 물건을 보고 강제로 빼앗아서는 안 되고, 또한 나의 좋지 못한 물건으로 남의 좋은 물건을 바꿔서도 안 된다. 부채, 허리띠, 칼 같은 것이 비록 작은 물건이라 하나 족히 큰 염치를 상하게 한다.

　내가 열대여섯 살 먹었을 때 나의 무딘 부싯돌로 남의 좋은 부싯돌을 바꾼 일이 있는데, 지금 생각하면 부끄럽다. 만일 남의 물건과 나의 물건이 가치가 서로 같을 경우에는 아무리 중요하고 큰 것이라도 바꾸어도 좋다.

　남과 물건을 매매할 적에는 값을 오르내리어 조정하되 까다롭게 하지 말고, 또한 상대방이 신분이나 세력이 미약하다 해서 강제로 가져서도 안 된다. 그리고 거래가 이미 끝났으면 지체 없이 물러나야 한다.

10-11 목욕할 때는 시중드는 자가 아무리 신분이 비천하더라도 그로 하여금 때를 밀거나 발을 문지르게 하지 말라.

10-12 손톱을 기르지도 말고 손톱을 깎을 때 살점이 떨어지게도 말며, 이로 손톱을 씹지도 말고 자른 손톱을 방이나 땅에 함부로 버리지도 말고 반드시 종이에 싸서 버려야 한다.

10-13 담배를 피울 때 등불에다 불을 붙임으로 해서 재가 기름에 떨어지게 해서도 안 되고, 담배통에 담배를 많이 넣어 화로火爐에 가루가 떨어져 연기가 나게 해서도 안 되고, 반쯤 피우고 그대로 그릇에 떨어뜨려도 안 되고, 담배를 피우며 침을 벽이나 화로에 뱉어도 안 되고, 이불 속에서나 책장 사이에서나 음식상 곁에서 담뱃대를 물어서도 안 되고, 환자의 방에서 문을 닫고 잔뜩 피워도 안 된다.

10-14 담배를 즐겨 피우는 풍속이 있는데 어진 왕이라면 금해야 할 일이다. 그런데 어떤 부모는 어린 자녀에게 담배 피우기를 가르치기도 하는데 그것은 분명 무식한 부모요, 부모가 금하는데도 몰래 피우는 자는 분명 불초한 자녀인 것이다.

담배를 즐기는 자들은 걸핏하면 반드시 '담배가 기생충이나 가래를 없앤다.'고 하는데, 내가 보건대 담배를 즐겨 피우는 자도 기생충이나 가래로 고생한다. 나는 일생을 담배와 가까이하지 않으나 아직까지 기생충이나 가래로 고생한 적이 없다.

세상 사람은 한갓 기생충이나 가래에 대한 걱정만 하고 담배가 사람의 맑은 기운을 해치는 것임을 더 이상 걱정하지 않으니, 의혹이 너무 심하도다. 가법家法에서 마땅히 자녀들의 담배 피우는 것을 엄금해야 한다.

10-15 손님을 대접할 때, 어린 자녀들로 하여금 담뱃불을 붙여드리게 해서는 안 된다. 그것은 습관이 되어 담배를 즐기게 될까 싶기 때문이다.

10-16 어떤 사람이 담배를 피우지 않으면 어찌 그렇게도 무미건조하냐고 말하는데, 그들은 담배를 피우지 않는 것이 또한 큰 취미임을 알지 못한다. 공자孔子와 맹자孟子께서도 반드시 담배를 피우지 않았을 것이다.

남들은 내가 담배를 피우지 않는 것을 괴이하게 여기고 그리하여 권하는 자도 있다. 그럴 때마다 나는 피우지도 못하고 피울 필요도 없는 것이라고 답해버린다.

혹은 어릴 때부터 담배를 피우지 않다가 무미건조하다는 말에 충동되거나 또는 세속에 어울리지 못할까 싶어서 담뱃대를 마련하여 쓴 맛을 참느라 얼굴을 찡그려가며 억지로 익히는 자도 있는데, 어찌 그리도 고루할까. 또한 평생 존경하는 분이 우연히 담배를 즐기면 그것을 본받아 피우는 자도 있는데, 아! 습속에는 본디 제거할 수 없는 것이 있도다.

그러나 담배를 피우는 일만은 결코 풍속을 따를 것이 아니다. 부형

父兄이 하는 것을 자제子弟가 갑자기 고칠 수 없는 것이라고 해서도 안 된다.

10-17 자기의 기호에 따라 경전經傳과 성현聖賢을 함부로 끌어대서는 안 된다.

이를테면, 장기와 바둑을 좋아하는 자는 반드시 ≪논어論語≫에 있는 "장기와 바둑을 두는 것이 오히려 낫다."는 말을 이끌어대고, 해학을 잘 하는 자는 반드시 ≪시경詩經≫에 있는 "해학을 잘하도다."라는 말을 끌어대고, 여색을 좋아하는 자는 반드시 ≪대학大學≫에 있는 "아름다운 여색을 좋아하듯 하라."는 말을 끌어대고, 술 마시기를 좋아하는 자는 반드시 "공자는 술을 마시되 양을 미리 정하지 않았다."라는 말을 끌어대고, 재리財利를 좋아하는 자는 반드시 자공子貢의 화식貨殖을 끌어대고, 금기와 화복禍福의 설에 미혹된 자는 반드시 송宋나라 때 성리학자 소옹邵雍(1011~1077)이 술수術數를 좋아하던 일을 끌어대어 구실로 삼는 따위와 같은 것이다.

무릇 이 몇 사람들은 노망하고 경박하여 경전의 뜻이나 사리事理의 엄정함을 알지 못하고 걸핏하면 반드시 끌어대어 자기 잘못을 말로 꾸며대니, 경전을 욕되게 하고 성인聖人을 업신여김이 이보다 심함이 있겠는가.

10-18 술을 좋아하고 여색을 좋아하면 정신이 흐려지고 용모가 추해질 뿐만 아니라, 또한 성질이 조급하고 포악해져서 쉽게 화를 내게 되

니, 그것은 술의 본성은 열이 있어 마음의 화기火氣를 폭발시키기 때문이다.

여색을 가까이하면 신장의 정기가 마르고 심장의 긴장이 심해져서 그 화염이 폭발하여 오장육부를 태우게 되므로 화도 내게 되는 것이다.

10-19 날마다 진수성찬珍羞盛饌을 먹는 것은 오히려 쌀밥을 먹는 것만 못하고, 날마다 고대광실高臺廣室에 노는 것은, 오히려 나의 좁은 서재에서 노는 것만 못하고, 날마다 기이한 글을 읽는 것은 오히려 경전을 읽는 것만 못하다.

10-20 의복과 음식은 자신의 그릇과 분수에 맞게 입고 먹어야 재앙이 없다. 만약 무지하고 어리석은 자가 좋은 의복과 좋은 음식을 늘 생각하는 것은 실로 재앙의 근본인 것이다. 조선조 실학자 반계磻溪 유형원柳馨遠(1622~1673)는 날마다 하는 일과 비교해서 음식을 들었으며, 그렇지 못했을 때는 잠을 자지 못했다.

10-21 인내심이 강하고 경험이 많은 사람은 의심하고 놀라는 일이 적다.

10-22 선비는 먼저 조용히 사는 재미를 찾으나, 또한 몸으로 일을 하는 근로의 일을 아는 것이 곧 본분이다.

10-23 분수에 넘치게 제사를 화려하게 지냄은 남에게 자랑하기 위한 마음이 앞선 것이니, 조상을 섬기는 정성이 이에 흩어질 터인데, 조상의 혼령魂靈이 그것을 흠향歆饗하겠는가.

10-24 어떤 사람이 일을 번거롭지 않게 하는 데는 무엇을 우선으로 삼아야 하는가를 묻기에 나는 이렇게 답하였다.

"분함을 참고, 욕심을 막고, 음식을 절제하고, 말을 삼갈 것이니, 이 네 가지는 천만 가지의 번잡한 일들을 덜 수 있다."

10-25 명明나라 때 학자 설선薛瑄(1389~1464)은 이렇게 말했다.

"이미 지나간 일을 추궁하지 않는 것이 가장 현명하고, 남의 거짓을 깨닫고도 말하지 않는 것에 묘미가 있다."

10-26 어떤 사람의 특이한 행동이나 재능을 듣거든 반드시 그의 성명, 주소, 용모, 연령을 소상히 묻고, 그런 사람이 다행히도 나와 같은 시대에 있음을 감탄하며 한번 만나기를 원할 것이며, 특수한 일이나 물건에 대해 듣거나 보거든 마땅히 그 연유, 연혁, 제도, 크기와 부피를 자세히 물어야 하고 멍청하게 있어서는 안 된다.

10-27 아무런 지식도 없으면서 남의 시문詩文과 서화書畵를 곧잘 품평하고 또는 의약醫藥과 복서卜筮의 일에 손대는 것은 참으로 망령된 사람이다. 더구나 사람들의 재주를 품평하거나 세상에 도道가 행해지느냐 말세냐 하고 과감히 논하는 일임에랴.

10-28 천하에서 가장 민망스러운 것은, 한 가지 일도 모르면서 큰소리치는 일이니, 집안에 이런 자녀나 형제가 있거든 절실히 꾸짖어 금지시켜야 한다. 명明나라 때 학자 방효유方孝孺(1357~1402)는 말하였다.

"붓도 제대로 잡지 못하는 처지에 벌써 안진경顔眞卿과 유공권柳公權의 필법筆法을 비평하고, 문장도 제대로 만들지 못하는 처지에 벌써 '아, 소식蘇軾 그 사람의 글' 운운하며 그의 글을 헐뜯으려 하며, 공자孔子와 맹자孟子의 글을 열흘도 제대로 읽지 않은 처지에서 벌써 정자程子와 주자朱子가 경서經書를 풀이한 말의 오류를 지적하여 어지럽게 변박辨駁한다."

10-29 마음에서 구하지 않고 관상觀相에서 의심을 풀려 하고, 행실에서 점치지 않고 운명運命에서 점치려 하고, 덕을 쌓으려 하지 않으면서 좋은 묘터를 고르려 하는 것은 바로 자신의 주견이 없기 때문이다.

의심하기 시작하면 남의 말에 미혹되고 미혹되면 생각이 혼미하므로 화복禍福의 설이 저절로 맞아 떨어진다. 화복을 말하는 자가 시끄럽게 떠들어대니, 세상이 그로 인해서 어지럽게 된다.

10-30 운명을 논하고, 이름자를 풀고, 관상을 보고, 풍수風水를 논하는 부류는 본디 마음이 삐딱하여 좋지 못한 사람들이다. 백성을 우롱하고 요망한 말로 마구 속이니 선비는 물리쳐 멀리해야 한다. 어찌 그들의 술법에 빠질 수 있으며 그 말을 믿겠는가.

10-31 세속 풍습은 말할 것도 없거니와, 약간 글을 배운 자도 잡술인

雜術人에게 어느 날 과거에 오르고, 어느 날 벼슬을 얻고, 어느 날 재물을 얼마나 얻을 수 있는가를 반드시 묻는다. 그래서 그가 아첨하는 뜻에서 길하고 좋다 하면 반드시 으스대고 그가 만일 겁을 주면 기가 꺾이니, 애! 그가 아무리 글을 배웠다 하더라도 실제로는 글을 모르는 사람이다.

10-32 꿈자리를 말하면서 좋은 꿈이니 나쁜 꿈이니 갖다 붙여 해석하는 자는 진정 명命을 알지 못하는 자다.

10-33 미신迷信의 금기禁忌에 구애되어, 또는 화복을 들먹이며, 그 외 나쁘다는 구실을 들며 마음이 동요되어 자주 이름자를 고치지 말라.

10-34 군자는 재앙을 소멸하고 병을 피하게 하는 부적符籍을 몸에 가까이하지 말고, 문지방 위에 붉은 주문呪文을 붙이지 말고, 가시나무, 호랑이 머리 따위 잡물雜物을 문 위에 걸지 말라. 어찌 차마 집안 사람이나 빈객으로 하여금 문에 드나들 때 항시 머리에 좋지 못한 물건을 이게 할 수 있겠는가. 하물며 그것이 반드시 재앙을 소멸하고 병을 피하게 할 수 있는 물건이 아님에랴. 일절 그런 일을 하지 않는 것이 좋다.

10-35 사람들은 항시 말하기를 바둑은 고상하고 장기는 속된 것이라 하나, 모두가 공부를 방해하고 뜻을 타락시키는 것인데, 어찌 고상하고 속됨의 구분이 있겠는가. 오락기구는 일절 손에 대지 않는 것이 좋

으나, 부득이 휴식을 위해 한다면 절제할 줄 알아야 한다. 명明나라 때의 사대부들은 마작을 노상 즐겼는데 그것은 좋지 못한 풍속이다.

무식한 무리들이 걸핏하면 '바둑은 요堯임금이 처음 만든 것이니 성인聖人이 남긴 것이다.' 하기에, 내가 요임금이 만일 바둑을 만들었다면 결코 성인이 아닐 것으로 여긴다 하였더니, 그런 말을 한 자가 눈이 휘둥그레졌다.

10-36 남의 활을 쏘지 말고, 남의 칼을 만지지 말고, 남의 악기는 음악을 모르거든 함부로 불거나 타지 말라.

10-37 절에서 잘 때 베개를 안 주고 식당에서 밥 먹을 때 숟가락을 미처 안 준다고 얼굴을 찡그리면 기상이 매우 좀스럽다. 이 같은 처지에서는 더욱 관대한 마음을 가져야 옳다. 대장부大丈夫가 거처와 음식을 어찌 늘 호화롭고 정결하게만 할 수 있겠는가.

10-38 먼지가 방에 소복하고 책이며 이불이며 붓이며 벼루며 방석 등이 어지럽게 널려 있는 것을 어떤 사람은 고상한 풍치로 여기나 이것도 또한 기질器質의 고질병이다.

10-39 남의 부채 표면이나 흰 벽, 책 표지, 그리고 서화 두루마리 끝에 어지럽게 초서草書를 휘두르지 말라.

10-40 글씨나 그림을 볼 때는 손으로 문지르고 손톱으로 긁지 말라.

10-41 침을 뱉어 먹을 갈지 말고, 붓대를 씹지도 말고, 종이를 자를 때 틀어지게 자르지도 말라. 남의 집에 가서는 남의 붓과 종이를 손대지 말고 만일 쓸 일이 있거든 주인의 승낙을 받을 것이며, 쓰고 나서는 반드시 제자리에 조금도 틀리지 않게 잘 두라. 반면에 내 집에 온 손님이 지필紙筆을 쓰거든 나는 조금도 인색한 기색을 보여서는 안 된다.

10-42 먹을 빨리 가는 것은 마음이 조급한 소치일 뿐더러 힘을 써서 바삐 갈면 벼루의 연지硯池로 미끄러지기 쉽다. 끓인 물을 연지에 담지 말고 비린내 나는 그릇으로 물을 퍼다가 연지에 쏟지 말며, 먼지를 쓸 때 벼루를 열지 말라.

10-43 남의 완성되지 못한 초서抄書를 빼봄으로 해서 그 차서次序가 바뀌게 해서는 안 되고, 장정裝幀이 아직 안 된 서화書畫는 빌려달라고 청해서는 안 된다.

10-44 무릇 책을 베낄 때에는 처음부터 끝까지 일정해야 하지 해서楷書와 초서草書를 혼용해서는 안 된다. 또는 처음에는 부지런히 하고 나중에는 게을리해서 마음의 추솔麤率함을 보이지 말고, 일단 시작한 책은 완성하고서 그만두라.

10-45 남의 편지를 받았을 때는 수미首尾를 자세히 살피고 나서 조목조목 상세히 대답하되, 연월일年月日이나 이름자 같은 것을 그릇 쓰지 말고 인편이 비록 독촉한다 하더라도 쓴 뒤에 한 번 교정하고 나서 봉

함하라. 또한 지체해서도 안 된다. 침착하게 생각하기를 마치 크나큰 문장을 짓는 듯이 하라.

10-46 남에게 편지할 때에는 뜻만 통하면 되는 것이니, 괴벽한 문자나 알아보기 어려운 말을 써서는 안 된다.

10-47 남의 시문詩文이 나의 뜻과 일치하지 않음을 보면 반드시 크게 의심하고, 세상의 도리를 파멸하고 심술心術을 파괴한 것이라고 단정하는데, 아! 이 같은 사람이 바로 세상 도리를 없애고 심술을 파괴하는 자이다. 시문은 얼굴이 서로 같지 않음과 같은 법인데 어찌 반드시 억지로 같게 하겠는가.

10-48 자기 글을 남에게 보여 칭찬을 바라서는 안 된다. 남이 혹 칭찬하면 기氣가 나고 남이 얕보면 기가 꺾이니, 재주가 한량이 있고 이름에 평판이 이미 나 있는데, 어찌 사적인 의사를 그 사이에 개입할 수 있겠는가. 나는 일찍이 이에 대해 깊이 경계하여 내 글을 감히 남에게 보여 비평을 구하지 않았다.

10-49 남의 좋은 시문을 훔쳐 자기 이름을 거기에 써서 남에게 주지 말라.

10-50 가난한 처지에 글을 잘하는 자는 흔히 부귀한 집안의 자제를 위해 과거科擧에 쓰는 문장을 대신 지어주는데, 아무리 굶주려 살기

힘들다 하더라도 이런 생각을 아예 해서는 안 된다. 왜냐하면 크게는 하늘을 속이고 세상을 속임이요, 그 다음은 자기의 마음을 어기고 남의 자제를 해롭게 하는 일이기 때문이다. 이런 습속이 굳어져서 비록 반성할 줄 모르나 그 마음씀을 따져보면 이보다 더 큰 죄는 없다.

10-51 일이 구차스러워 그만두어도 될 만한 것이면 단연코 하지 않는 것이 좋다. 남에게 기물이나 말이나 하인 등을 빌릴 때 상대방이 만일 난색을 표하거든 굳이 청해서는 안 된다. 책일지라도 역시 그래야 한다. 그것은 상대방이 못마땅하게 여기는 것을 미연에 방지하기 위함이기도 하고, 나의 마음이 불안하기 때문이다.

10-52 남에게 책을 빌렸을 경우, 그 주인이 만일 옛것을 사랑하여 내용을 중시하는 사람이거든 틀린 곳을 마땅히 교정하되, 종이쪽에 별도로 써서 그 곁에 붙여야 하지 함부로 고치거나 흐리게 해서 책을 어지럽혀서는 안 된다. 만일 그 주인이 물건을 잔뜩 아끼기만 하고 옛것을 사랑하는 사람이 아니라면 어떻게 하겠는가.

10-53 내가 가지고 있는 기물이나 책을 남이 와서 빌리거든 인색하게 하지 말고 빨리 빌려줄 것이며, 내가 그 사람에게 빌릴 때 그 사람이 혹시 빌려주지 않거든 성내서는 안 되고, 후일에 그 사람이 또 와서 빌리거든 또한 그 전에 빌려주지 않았다고 해서 같이 해서는 안 된다. 만일 부형이 빌려주지 않으려 할 경우엔 처음에는 반드시 부형에게 여쭙고, 여쭈어도 끝내 들어주지 않거든 굳이 남에게 빌려주어서는 안

된다. 그리고 "부형이 빌려주지 않으려 한다.'고 말할 필요는 없다.

10-54 남의 서적書籍, 시문詩文, 도화圖畫를 한 번 보고 나서 빌려달라고 청하였는데, 주인이 허락지 않거든 강제로 빼앗아 소매 속에 넣고 일어나서는 안 된다.

10-55 남의 책을 빌렸거든 정밀하게 읽거나 초록하고 기한 내에 돌려주어야 하고, 지체하여 기한을 넘기거나 주인이 독촉하는데도 돌려주지 않거나 해서는 안 된다. 또 다른 사람에게 빌려줌으로써 훼손되고 잃어버리게 하면 나의 행실을 더럽히는 것이다.

10-56 남에게 재물을 빌려줄 때에는 조금도 인색하지 말라. 모름지기 내가 전일 남에게 빌릴 때 어떠했던가를 생각하고 또 내가 후일 남에게 빌릴 때 어떻겠는가를 생각하라.

10-57 갚을 때의 마음이 빌릴 때의 마음과 완급緩急의 차이가 있어서는 안 된다.

10-58 남에게 곡식을 빌려줄 때에는 썩거나 피 같은 것이 많이 섞여서 먹을 수 없는 것만을 골라주어서는 안 된다. 이것은 성실을 해치는 일이니, 경계하고 경계하라.

10-59 남에게 우비나 우산을 빌렸거든 비가 갠 즉시 돌려보내라. 왜냐하면 잊어버리기 쉽기 때문이다. 이것은 비록 작은 일이지만 더욱

주의해야 한다.

10-60 남의 돈은 1전錢도 함부로 구하지 말고, 나의 돈은 만금萬金도 굳게 지키지 말라.

10-61 남에게 물건을 빌려주거나, 남의 급박한 형편을 구해줄 경우, 베푸는 기색을 나타내지 말고 속으로 보람을 느끼기를 '내가 그를 돕지 않으면 누가 그를 돕겠는가.'라고만 할 것이다.

제2장

부녀자의 예절

유교는 남녀의 결혼을 전제로 인생을 규정
한다. 그 근거는 ≪주역周易≫에서 말하
는 자연의 이치이다. 요즈음 서구사회에서 문
제 삼는 동성애 결혼은 자연의 이치와도 맞지
않는 현대 문명의 병리현상이다. 자연의 구조
와 만물의 운행 자체가 음陰·양陽으로 되어 있
고, 인간사회는 남·여, 선비와 부녀자의 상호
활동으로 이루어진다.

음·양은 반대되면서 서로 보완관계라는 변
증법적辨證法的 관계에 있다. 그 변증법이 새
로운 생명을 낳기 때문이다. 남편의 능동성, 부
녀자의 소극성은 상징적 표현일 뿐이다. 선비
의 예절 보완으로 부녀자의 예절이 필요하다.

1. 성품과 행실

1-1 부드럽고 정숙함은 부인의 덕이요, 부지런하고 검소함은 부인의 복이다. ≪예기禮記≫ 〈혼의昏義〉에 "부인으로서 효순孝順함은 시부모에게 효순하고 가족에게 화목和睦한다. 그런 뒤에야 남편에게 적합한 배필이 되는 것이다. 그리고 길쌈을 하고 재산을 관리한다. 그러므로 부인이 효순해야 가정이 화목하고 가정이 화목해야 집안이 오래 창성할 수 있다."라고 하였으니, 이 장章은 부인의 도리를 아주 적절하게 설명하였다. 그 요점은 효순과 화목일 뿐이다. 효순에는 모든 덕이 모이고, 화목에는 온갖 상서가 집중된다.

1-2 율곡 선생은 이렇게 말했다.

"오늘날 학자들은, 밖으로는 비록 조심하는 기색이 있으나 안으로는 독실한 마음을 갖는 자가 적다. 부부 사이에 잠자리에서 흔히 정욕을 삼가지 않아 그 품위를 잃는다. 그러므로 부부가 친압親狎하지 않고 서로 공경하는 일이 매우 적다. 이러고서 몸을 닦고 집안을 다스리려 하면 어렵지 않겠는가. 반드시 남편은 화순하면서 의리로 통솔하고, 아내는 순종하면서 바른 도리로 받들어야만 집안일이 잘 다스려질 수 있다.

만일 평소 서로 친압해오다가 하루아침에 갑자기 서로 공경하려한다면 그 형세가 그렇게 하기 어려운 것이다. 그러므로 남편은 모름지기 아내와 서로 공경하여 종전 버릇을 반드시 버리고 점차 예법의 경지로 들어가는 것이 옳다. 아내가 만일 나의 말과 몸가짐이 한결같이 올바른 것을 본다면 반드시 점차 서로 믿고 순종할 것이다."

1-3 사람의 성품은 본래 착한데 다만 기질氣質에 구애되고 물욕에 가리어 악에 빠지는 줄을 스스로 알지 못하지만, 만일 바로잡고 닦아서 그 본성을 회복하면 현숙賢淑할 수 있다는 것을 부녀자에게 깨우쳐줄 것이다.

대개 부녀자 중에는 재주와 성품이 슬기롭고 총명한 자가 많으므로 쉽게 알아듣고 잘 감동하니, 노둔한 남자에 비하여 그 공효가 어찌 빠르지 않겠는가. 번거로운 말은 하지 말고 그 요점만 알게 할 뿐이다.

1-4 옛날의 부인들은 남편이 과오過誤를 범하더라도 올바른 도리로 권하기도 하고 깨우쳐주어서 남편이 과오를 범하지 않게 하였는데, 오늘날의 부인들은 남편이 과오를 범하지 않더라도 미혹시키기도 하고 충동시키기도 하여 남편이 과오를 범하게 한다.

1-5 부인이 덕을 쌓으면 자녀들이 번창한다. 시험 삼아 보면, 자녀들이 요절하는 것은 오로지 부인의 악한 행실에서 연유한다.

1-6 세상에 형제의 부인, 즉 동서 사이는 능히 우애하는 자가 적고, 남

의 아내가 되어 능히 남편의 자매를 사랑하는 자는 세상에 많지 않다. 대개 부인의 성격은 곧잘 시기하는 데다 타성他姓끼리 모여 사는 처지이니, 남편들이 능히 아내를 다스리지 못하여 가정의 법도가 문란하게 되는 것은 사세의 당연함이다.

1-7 표독스런 부인은 한 가지의 조그만 분한 일이 있으면 곧 원한을 품고, 그것만으로는 부족해 울어대기도 하고, 울어대는 것만으로도 부족해 통곡하며, 심지어는 땅바닥을 치고 가슴을 쥐어뜯으면서 하늘에 호소하고 귀신에 저주하는 등 못할 짓이 없기까지 한다. 나는 그런 것을 많이 보았다.

　그 일은 오로지 가장이 나약하여 잘 교도하지 못해서 그 표독함을 길러놓았기 때문이다. 그런 까닭에 속담에 "자식은 어릴 때에 잘 가르치고, 부인은 갓 시집왔을 때 잘 가르쳐야 한다."고 하였다.

1-8 남이 자기 뜻과 맞지 않는다고 화를 내어, 그 화를 죄 없는 자녀들에게 마구 옮겨 자녀를 때리고 쥐어박으며, 기물을 부수고 문짝을 차는 등 독기를 부리니, 악독한 부인이 아니고 무엇인가.

1-9 표독한 성품을 가진 부인은 시부모에게 사랑을 받지 못하거나 남편에게 인정을 받지 못하면 원망을 쌓고, 원망의 쌓임이 극도에 이르면 거짓 미친 체하여 귀신을 빌어서 그 악함을 나무라듯 거짓 행동을 하고 심지어는 목을 찌르는 척, 목을 매는 척하여 겁을 주기까지 하니, 이것은 남편이나 시부모가 잘 이끌지 못한 때문이기도 하지만, 그 부

인의 죄도 큰 것이다.

만일 뉘우치고 부끄러워하지 않는다면 살아서 무엇하랴. ≪시경詩經≫에 "사람이 예의가 없다면 어찌 빨리 죽지 않는가."라고 하였다.

1-10 남자가 여자의 기질이 많으면 간사하거나 연약하여 흔히 요사夭死하고, 여자가 남자의 기질이 많으면 사납거나 잔인하여 흔히 과부가 된다. 품부받은 기질이 상반되면 생명이 짧기 때문에, 옛날 성인聖人이 가르침을 베풀어 그 기질을 바로잡아 그 본성을 회복하려고 했던 것이다.

속담에 "사내는 이리 같은 놈을 낳을지언정 독사 같은 놈을 낳을까 겁나고, 계집은 쥐 같은 놈을 낳을지언정 범 같은 놈을 낳을까 겁난다."라고 하였다.

1-11 부녀자가 의복과 음식이 남과 같지 못한 것을 견디지 못하면 이는 도둑질할 근본이다. 혹은 보리, 피 등 잡곡밥을 잘 먹지 않는 자가 있는데, 비록 식성이 편벽된 탓이나, 그 버릇을 고치지 않을 수 있겠는가. 이것은 굶어죽을 상이다.

1-12 가장이 경우를 밝게 살피지 못하고 집안사람에게 화를 내거든, 곁에서 그의 죄를 조장해서는 안 된다. 그저 너그럽게 이해시켜 무사하게만 하는 것이 옳다. 또한 전일의 원한으로 인하여 죄 없는 사람에게 화내는 것을 앉아서 보기만 하고 속으로 기뻐하지도 말라. 혹 겉으로는 구제하는 체하면서 속으로는 해치는 자가 있는데, 어찌 그리도

독살毒煞스러운가.

1-13 나와 관계된 기물器物과 재물財物은 자연 그 시기가 있는 것이다. 그것을 깨뜨리거나 잃었을 경우, 거센 목소리와 불쾌한 낯빛으로 자녀나 하인을 마구 때려 살이 찢어져 피가 흐르는데도 노여움을 그치지 않는 것은 옳지 않다. 물건을 귀히 여기고 사람을 천히 여기는 것은 덕성스런 태도가 아니다. 혹 그것을 아까워해 마지않아 통곡하며 우는 자까지 있으니, 어찌 좀 생각해보지 않는가.

1-14 마음을 거슬리게 하는 남의 말을 들으면 옳고 그름을 가리지 않고, 어른과 아이를 따지지 않고 발끈 성을 내어 낯빛을 붉히며 말을 가리지 않고 마구 지껄여대니, 이것은 모두 길하지 못한 형상이다. 나는 그런 것을 많이 보았다. 그 재앙이 남편에게 미치지 않는다면 일찍 죽거나, 일찍 과부가 되거나, 자녀를 생육하지 못하거나 한다.

1-15 혐의스러운 일을 멀리하고 근신하는 마음을 가지며, 부지런하고 검소하며 정숙하고 화순和順하며, 말을 간략하게 하고 낯빛을 화열하게 갖는 여자는, 집에 있어서는 효녀孝女가 되고, 남에게 시집가서는 효순孝順한 며느리, 정숙貞淑한 아내가 되고 자식을 낳으면 어진 어머니가 된다.

불행하게 과부가 되거나 환난을 만난다 하더라도 본래의 뜻을 변하지 아니하여, 정조貞操가 굳고 행실이 곧은 여자가 되어 후세에서 으뜸가는 여자로 추대할 것이니, 부인이 처음에도 좋고 나중에도 좋을 방법은 오직 이것뿐이다.

1-16 부귀富貴를 부러워하는 것은 곧 세속의 나쁜 관습이요, 또한 부녀자의 용렬한 행실이다. 투기投機하는 것도 또한 추한 행실이니, 그것은 남편의 위신을 살피지 못한 때문이다.

1-17 한漢나라 때의 반소班昭는 여자로서 재주가 뛰어났는데, 시어머니와 함께 ≪여계女誡≫를 지었다. 거기에 이런 말이 있다.

"경敬이란 다른 것이 아니라 오래 유지함을 말하는 것이요, 순順이란 다른 것이 아니라 너그러움을 말하는 것이다. 오래 유지할 수 있음은 만족함을 아는 것이요, 너그러움이란 공순함을 숭상하기 때문이다."

부부간이란 종신토록 떨어지지 않는 것이나, 방 안에 늘 같이 있게 되면 외설스러운 마음이 생기게 되고, 그러한 마음이 생기게 되면 언어가 지나치게 되고, 언어가 지나치게 되면 방자한 짓을 하게 되고, 방자한 짓을 하게 되면 남편을 업신여기는 마음이 생기게 되는데, 이것은 분수에 만족함을 모르는 데서 연유한 것이다.

무릇 일에는 곡직曲直이 있고 말에는 시비是非가 있다. 곧은 것에 대해서는 다투지 않을 수 없고, 굽은 것에 대해서는 송사訟事하지 않을 수 없다. 송사와 다툼이 있게 되면 분노하는 일이 있게 되는데, 이것은 공손함을 숭상치 않는 데서 연유한 것이다.

남편을 업신여기는 일을 절제하지 않으면 욕과 견책이 따르고, 분노를 그치지 않으면 폭력이 따른다. 무릇 부부가 된 자는 의리義理로써 화친하고 은혜로써 화합하는 것인데, 폭력이 이미 행해지면 무슨 의리가 있겠고, 욕과 견책이 행해지면 무슨 은혜가 있겠는가. 은혜와 의리가 다 없어지면 부부가 떨어지게 된다.

1-18 한 사람에게 뜻을 얻으면 일생을 잘 마칠 수 있고, 한 사람에게 뜻을 얻지 못하면 일생을 영원히 그르친다. 부인은 그 남편의 마음을 얻지 않을 수 없는데, 얻는다는 것은 아첨을 부려서 구차하게 얻는다는 것이 아니다. 진실로 마음을 전일하게 하고 낯빛을 바르게 하는 것보다 더 좋은 방법은 없다.

예의를 잘 지켜, 귀로는 근거 없는 말을 듣지 않고 눈으로는 사특한 것을 보지 않으며, 밖에 나갈 때는 얼굴을 기생처럼 단장하지 않고 집에 들어와서도 몸가짐을 흐트러지게 하지 않고 동류 무리들을 모아 떠들고 무리 지어 다니지 않으며, 남의 집 사사로운 일을 엿보거나 간섭하지 않는 것이 바로 그것이다.

2. 말하기

2-1 무릇 말할 때 '죽는다'느니 '죽이겠다'느니 하고 말하는 자는 품성이 상서로운 부인이 아니고, 울기를 잘하고 웃음을 교묘하게 하는 자는 정숙한 부인이 아니다.

2-2 여느 때 까닭 없이 턱을 괴고 멍하니 있는 것은 원망하는 태도에 가깝고, 남의 귀에 대고 소곤거리는 것은 참소하는 태도에 가깝고, 희희낙락해 마지않는 것은 음탕한 태도에 가깝고, 계속 노닥거리는 것은 재앙을 불러올 불길한 태도에 가깝다.

2-3 남자가 까닭 없이 근심하고 탄식하는 소리를 하고, 부인이 까닭 없이 원망하고 한탄하는 말을 하면, 가정 법도가 무너진 것을 볼 수 있고, 가운家運이 쇠망함을 점칠 수 있다.

2-4 역사책을 통하여 옛사람의 절개와 정렬을 사모했다가, 불행히 환난을 당하거든 죽음을 맹세하고 생명을 아끼지 않아야만 비로소 절개를 보일 수 있다. 그러나 평소에는 '마땅히 남편을 위해 몸을 희생하겠다.'는 말을 절대 경솔하게 하지 말라.

2-5 언어에서나 편지에서 멋진 문자를 즐겨 쓰는 것은 단아하고 간명한 일이 아니다. 어떤 부인은 잠시도 쉴 새 없이 계속 말을 늘어놓으며, 손을 흔들고 혀를 내밀면서 속된 말까지 섞어가면서 이야기하는데, 현숙賢淑한 부인은 반드시 이와 같지 않을 것이다.

2-6 나무라는 일이 잦고 잔말이 많으면 명령이 시행되지 않고, 하인들이 배반한다.

2-7 아이를 때리고 하인을 꾸짖는 소리가 항시 집 밖에 나오면 그 집안의 법도가 무너진 것을 알 수 있다. 외인外人들은 부인의 불순함만 기롱할 뿐 아니라, 반드시 그 가장이 집안을 잘 단속하지 못한 것을 먼저 책망할 것이다. 혹은 속말까지 섞어가면서 웃고 말하는 일을 절제 없이 하는데, 어찌 그렇게도 바르지 못한가. 그것은 과연 가장이 집안 다스리는 도리를 제대로 얻지 못한 때문이다.

집안의 도를 말한 ≪주역周易≫ 가인괘家人卦에는 "가인은 여자의 정숙함이 이롭다."라고 하였는데, 정자程子가 그 말을 해석하기를 "가인의 도道는 그 이로움이 여자의 바름에 있다. 여자가 바르면 남자의 바름을 알 수 있다." 하였다.

2-8 신부가 아이의 출산에 대한 일을 말해서는 안 된다. 그것은 부끄러움 없는 것이 밉기 때문이다.

2-9 신혼의 부인은 시댁의 세세한 일을 친정에 말해서는 안 된다. 서

씨徐氏의 부인이 되었던 나의 죽은 누이동생은 과묵하고 말이 적었다. 10년 동안 가난한 생활을 했지만, 친정에 와서 시댁의 일을 한마디도 말하지 않았으니, 아! 그는 부인의 으뜸이 될 만하도다.

2-10 신혼 부인은 남편의 어진 점을 남에게 과장해서는 안 된다. 남편이 존경스럽더라도 남에게 말할 때는 '제 남편은', '제 바깥사람은'이라고 낮추어 겸손하게 말해야 한다.

2-11 무릇 혼사婚事를 의논할 때에는 처녀로 하여금 그 의논을 전부 다 듣게 해서는 안 된다.

2-12 음란한 말은 입 밖에 내지 않을 뿐만 아니라, 그것을 혹 듣더라도 귀를 가리고 피해야 한다.

2-13 과부나 처녀가 여러 사람이 모인 자리에 참석하여 마음대로 웃고 말하는 것은 결코 부녀자의 정숙함이 아니다.

2-14 연소한 부인이 남의 자녀를 보고 '내 아들, 내 딸'이라고 일컬어서는 안 된다. 또 자기 집 자녀도 이름을 부르거나 '저의 집 아이'라고 해야지 '내 아들, 내 딸'이라고 해서는 안 된다. 사람들이 겸손하지 않는 말투를 싫어하기 때문이다.

2-15 일찍이 경험한 바로는, 부녀자들은 과장誇張하기를 좋아하여 한마디의 말을 들으면, 곧 거기에 더 보태서 입이 아플 정도로 끝없이 늘

어놓으므로, 친척이나 일가들 중에 그를 천대하고 싫어하지 않는 사람
이 없다. 부녀자들은 그것을 조심해야 한다.

3. 의복과 음식

3-1 요즘 세상의 부녀자들의 옷은, 저고리는 너무 짧고 좁으며, 치마는 너무 길고 넓으니, 의복이 요사스럽다.

3-2 옷깃을 좁게 깎은 적삼이나 폭을 팽팽하게 붙인 치마는 의복이 요사스럽다.

3-3 일찍이 어른들의 말을 들으니, 옛날에는 여자의 옷을 넉넉하게 만들었기 때문에 시집올 때 입었던 옷을 소렴小殮할 때 쓸 수 있었다 한다. 산 사람, 죽은 사람, 늙은 사람, 젊은 사람은 체격의 대소大小가 동일하지 않으니, 그 옷이 좁지 않았음을 알 수 있다.

지금은 그렇지가 않다. 새로 생긴 옷을 시험 삼아 입어보았더니, 소매에 팔을 꿰기가 몹시 어려웠고, 한 번 팔을 구부리면 솔기가 터졌으며, 심한 경우에는 간신히 입고 나서 조금 있으면 팔에 혈기가 통하지 않아 살이 부풀어 벗기가 어려웠다. 그래서 소매를 째고 벗기까지 하였으니, 어찌 그리도 요망스런 옷일까.

3-4 복장에 있어서 유행이라고 부르는 것은 모두 기생들의 아양 떠는 자태에서 생긴 것인데, 세속 남자들은 그 자태에 매혹되어 그 요사스

러움을 깨닫지 못하고 자기의 처에게 권하기도 한다. 아, 집안의 예법이 닦이지 않아 규중閨中 부인이 기생의 복장을 하는구나. 모든 부인들은 그것을 빨리 고쳐야 한다.

3-5 가발을 사용해서 머리를 꾸미는 변체辮髢는 몽골의 유풍이다. 지금 부인들은 비록 마지못해 시속을 따른다 하더라도 사치를 숭상해서는 안 된다. 부귀한 집에서는 머리치장에 드는 돈이 무려 7, 8만 냥에 이른다.

3-6 더러운 옷을 빨거든 은벽隱僻한 곳에서 말려라. ≪예기禮記≫ 〈내칙內則〉에 "더러운 옷과 이불의 속을 밖으로 드러내지 않는다." 하였다.

3-7 이불, 베개, 요, 요강은 보로 덮어서 남의 눈에 보이지 않게 하고, 수건과 빗집도 남의 눈에 띄지 않는 은밀한 곳에 두며, 족집게, 참빗, 솔, 귀이개 등은 남녀가 통용通用하지 말 것이다.

3-8 남자의 옷을 빨았는데도 때가 아직 남아 있고, 꿰맨 곳이 터지고, 풀 찌꺼기가 붙어 있고, 다리미 불에 구멍이 나고, 구겨지거나 얼룩지고, 넓고 좁음이 척도尺度가 없는 것은 모두 부인의 책임이다. 이상의 일은 사치를 목적으로 말하는 것이 아니라, 곧 정성精誠을 들이라는 뜻으로 하는 말이다.

3-9 비단을 계란처럼 반지르르하게 마전하고, 베를 매미 날개처럼 곱게 다리는 것은 사치를 위함이 아니라, 곧 정성을 들이는 것이다.

3-10 실을 뽑고 솜을 타며, 옷을 다리고 비단을 마전하는 일은 비록 하인이 있더라도 손수 익혀야 한다.

3-11 웬만한 병에는 머리를 빗고 낯을 씻는 일을 폐지해서는 안 되며, 비록 가난하더라도 옷은 반드시 깨끗하게 빨아 입어야 한다. 부인은 단정하고 정결함을 귀하게 여기는 것이요, 남편을 기쁘게 하기 위함이 아니다.

화장을 하고 고운 복장을 하는 자는 요사스러운 부인이요, 머리털이 헝클어지고 얼굴에 때가 있는 자는 게으른 여자다.

3-12 옷고름과 치마끈을 풀어놓고 죄어 매지 아니한 것을 '창피猖披'라 한다.

3-13 딸을 시집보낼 때 혼수婚需를 너무 사치스럽게 마련하여 심지어는 가산을 탕진하는 경우까지 있다. 이것은 딸을 지나치게 사랑하여 그 사치를 조장하는 처사로서, 가장을 졸라 제멋대로 혼수를 갖추므로 결국 조상의 재산을 모두 팔아버려 제사를 받들지 못하게 되니, 한 가지의 일을 잘못 거행하여 세 가지의 악을 동시에 범하게 되는 것이다.

3-14 귀금속과 비단으로 어린 남녀를 장식하는 것은 그의 복록福祿을

아껴주는 일이 아닐 뿐 아니라, 불량한 사람이 도둑질하고 해치는 마음을 열어주는 것이다.

3-15 부녀자가 이것저것 노리개를 차는 것보다는 오직 찰 만한 것은 합향合香이다. 용뇌龍腦와 사향麝香이 비록 적절한 것은 아니라 하더라도, 오히려 몸을 단장하는 의미가 있는 것이다.

3-16 음식에 관한 일은 오직 부인이 맡는다. 시부모를 봉양하고 제사를 받들고 손님을 접대하는 데 이 음식이 아니면 공경과 즐거움을 다할 수 없는 것이다. 그런데 만일 음식이 제대로 익지 않았거나 간이 맞지 않거나 온도가 고르지 않거나 티끌이나 먼지가 들어가 먹을 수 없게 되면, 어떻게 신명神明이 흠향歆饗하게 하고 사람을 봉양할 수 있는가. 음식을 풍성하고 사치스럽게 차리라는 것이 아니라, 비록 박나물이나 콩나물이라도 정결하게 하는 것이 좋다는 말이다.

3-17 무릇 손수 음식을 만들 때는 가려운 머리를 긁지도 말고, 어린애에게 젖도 먹이지 말고, 말하고 웃는 것도 삼가며, 손톱도 잘 깎으라. 그리고 반드시 덮을 것을 사용해서 그릇마다 덮어야 하며, 겨자를 갤때는 가까이 대서 재채기가 나게 하지 말라.

3-18 무릇 음식을 만들 때는 가락지를 뽑아놓아야 한다. 그 구리와 은의 녹과 때가 음식물에 묻을까 싶기 때문이다.

3-19 무릇 생선이나 고기를 구울 때는 젓가락으로 뒤집고, 맨손으로 뒤집지 말라. 그리고 손에 묻어도 빨아먹어서는 안 된다.

3-20 음식의 간을 맞출 때는 반드시 숟가락으로 떠서 한 번만 맛보아야지, 자주 숟가락을 휘저어 입에서 후룩후룩 마시는 소리를 내서는 안 되며, 또 한 손가락으로 찍어서 맛보고 그 손가락을 치마나 벽에 닦지 말라.

3-21 고기를 굽는 석쇠는 반드시 깊이 간수해야 한다. 티끌이 기름에 묻을 뿐만 아니라, 만일 버려두고 간수하지 않으면 개나 고양이가 반드시 핥아 불결하기가 막심할 것이니, 장차 어떻게 노인을 봉양하고 신명이 흠향하게 하겠는가.

3-22 닭을 잡을 때 털을 다 뽑지 않는다거나, 생선을 손질할 때 비늘을 다 긁지 않는다거나, 밥에 그을음이 묻거나 술에 티끌이 떨어지든가 해서는 안 된다.

그러므로 도마와 밥상을 깨끗이 닦고, 솥을 말끔히 씻어야 한다. 눈을 밝게 뜨고 손을 재빨리 놀리며 조심하고 부지런히 하여 음식을 대접하는 일에 공경을 다해야 한다.

이런 까닭에 맹자孟子 어머니의 말에 "부인이 지켜야 할 예절은 다섯 가지 밥을 깨끗이 짓고, 술독과 장독을 잘 덮으며, 시부모를 잘 봉양하고, 옷가지를 잘 꿰맬 뿐이다." 하였다.

3-23 밥 낱알을 뜰 앞 도랑의 비습卑濕한 땅에 버리지 말라.

3-24 밥을 물에 말아 먹을 때, 바닥에 남은 밥알은 숟가락으로 다 건져 먹고, 버리지 말라. 그리고 그릇을 들어 고개를 젖히고 마시거나, 몸을 이리저리 돌려서 남김없이 먹으려고 하지 말라. 그것은 아름답지 못한 태도가 밉기 때문이다.

3-25 상추쌈을 입에 넣을 수 없을 만큼 크게 싸서 먹으면 부인의 태도가 크게 아름답지 못하니, 매우 경계해야 한다.

3-26 술을 마셔 얼굴이 붉게 되어서는 안 된다. 손으로 술 찌꺼기를 긁어먹지 말고, 파와 마늘을 많이 먹지 말라. 고추는 반드시 가늘게 썰고, 회는 반드시 실처럼 가늘게 썰어야 한다.

3-27 부녀자들은 파와 마늘 등 냄새나는 풀을 먹기 싫어한다. 그것은 향기롭지 못한 냄새가 날까 염려하기 때문이다. 그러나 어떤 부녀는 담배를 즐겨 피우는데, 담배는 냄새나는 풀이 아닌가. 향기롭지 못한 것이 파나 마늘보다 더하며, 더구나 독해서 사람에게 이롭지 못한 것임에랴.

3-28 참외는 껍질을 먹지 말고, 수박은 씨를 깨 먹지 말라.

3-29 떡을 즐겨 사 먹는 것은 집안을 망칠 징조다. 제기祭器까지 전당을 잡히게 되면 자녀들이 본받는다.

3-30 세속에서 딸을 시집보내면 반드시 음식물을 매우 풍성하게 차려서 시가媤家에 보내어 잔치를 베푼다. 그것을 이름하여 장반長盤이라 하는데, 일가와 손님들에게 음식의 풍요함을 자랑하는 것이다. 그리고 시가의 제삿날에는 반드시 큰 그릇에 떡을 괴고 큰 병에 술을 넣어 보내어 제사상 아래에 차려놓는데, 그것을 이름하여 가공加供이라 한다. 이런 것을 갖추지 못하면 수치로 여긴다.

이 두 가지 일은 모두 경박한 풍습이니, 시가에서는 그것을 절대 엄금해야 할 것이다. 그런데 어찌 차마 그것을 차려오도록 며느리를 독촉할 수 있겠는가.

3-31 남이 음식물을 주거든 모름지기 노소老少를 헤아려 고루 분배해야 할 것이요, 여러 사람보다 먼저 손을 대고 입을 대어 난잡하게 맛보아서는 안 된다.

3-32 손님이 왔을 때 가장이 술상이나 밥상을 차리게 하거든, 살림 형편의 유무有無에 따라 하녀를 지휘하여 지체 없이 장만하되, 음식 장만하는 소리가 밖에 나가게 해서는 안 된다. 손님이 불안하게 생각할까 싶기 때문이다.

혹은 꾸짖는 등의 소리가 손님의 귀에 들어가게 하는 일이 있다면, 이는 가장으로 하여금 다시는 손님을 대할 수 없게 만드는 것이다.

3-33 식사해야 할 손님이 혹 식사 때를 어겨서 왔을 경우, 식구들이 먹다 남은 밥을 거두어 모아 대접해서는 안 된다.

3-34 식사 전에 식사해야 할 손님이 왔는데도 가장이 혹시 식사 준비를 시킬 겨를이 없을 경우에는, 부인이 모름지기 자녀들을 시켜 식사해야 할 손님을 알아보게 해서 미리 준비해야 한다.

3-35 가장이 혹시 술을 즐길 경우, 부인은 가장의 주량酒量을 기억했다가 술잔 수를 적당히 들고 그만두게 조종해야지, 요구하는 대로 제공하여 품위를 잃고 기력을 손상케 해서는 안 된다. 가장이 혹 취한 김에 마구 마시면서 계속 술잔을 올리라고 소리 질러도 모름지기 원망하거나 나무라지 말고 마땅히 자녀나 조카, 하인과 함께 좋은 말로 요령껏 잘 주선해서, 한 잔이라도 더 올려 정신을 잃도록 취하게 내버려두어서는 안 된다.

3-36 요즈음 풍속에는 서울의 부인들은 베 짜는 것을 알지 못하고, 사대부의 부인들은 밥 짓는 것을 알지 못하니, 모두 비루鄙陋한 풍습이다. 베 짜고 밥 짓는 일을 수치로 생각하니, 이들을 부인이라 할 수 있겠는가.

3-37 민첩하고 야무진 부인은 아무리 작은 생선과 마른 나물이라도 삶고 자르는 일을 정결하게 하여 모두 입에 맞는 반찬으로 만들고, 아무리 낡은 비단과 묵은 솜이라도 곱게 재봉하여 모두 몸에 맞는 옷으로 만든다.

그러나 용졸庸拙한 부인은 살진 어육도 어그러지게 삶고, 좋은 쌀과 차조로도 밥을 잘 못 짓고, 화려한 비단도 거칠게 다듬고, 좋은 실

과 솜으로도 누추하게 길쌈을 한다. 그러므로 음식에 관한 책과 길쌈
에 관한 기록을 보지 않아서는 안 된다.

4. 행동

4-1 빗을 깨끗이 손질하고, 붓과 벼루를 잘 정돈해놓으며, 신을 신을 때는 뒤축을 꺾어 신지 말고, 먹을 갈 때는 비뚤어지게 갈지 말라. 나는 그렇게 하는 것을 자주 보지 못했다.

4-2 다닐 때 신발 끄는 소리를 내고, 밥 먹을 때 씹는 소리를 내고, 치마를 돌려 입을 때 거센 바람을 내고, 입김을 불어 손을 덥히는 것이 어찌 착한 부인의 단정한 행동이겠는가.

4-3 다닐 때 치마를 흔들지 말고, 손 씻고 나서 물방울을 창문이나 벽에 튀기지 말고, 남을 대할 때 이를 쑤시지 말라.

4-4 사소한 일을 보고서, 손뼉을 치고 발을 구르고 급한 소리를 내어 곁에 있는 사람을 놀라게 하는 것은 가장 조급하고 망령妄靈된 행동으로 취할 것이 못된다.

4-5 부인으로서 말을 빨리 하지 않고 얼굴빛을 갑자기 변하지 않는 자는 오직 서씨徐氏에게 시집간 나의 누이동생뿐이었다.

4-6 말하기도 전에 웃거나 웃음소리가 요란한 것은 중심이 씩씩하지

못하기 때문이다. 그러므로 망령되이 말하거나 웃지 않아야 올바른 부인의 행실인 것이다. 해학과 웃음을 잘하면 방탕한 행동에 가깝다.

《주역》 가인괘家人卦의 구삼효사九三爻辭에 "부인이 희희덕거리면 마침내 후회하리라." 하였는데, 정자程子는 말하기를 "희희덕거리는 것은 절도 없이 웃는다는 뜻이다. 법도法度가 서고 윤리가 바로잡혀야 은혜와 의리義理가 존재하는 것이다. 만일 절도 없이 희희덕거리면, 법도가 그로 인해서 무너지고 윤리가 그로 인해서 어지러워질 것인데, 어떻게 그 가정을 잘 보전할 수 있겠는가. 마침내 가정이 패망하는 지경에 이를 것이니, 부끄러워할 만한 일이다." 하였다.

4-7 부인은 울기를 잘하여, 울지 아니해야 할 경우에도 우는 자가 많다. 그러므로 울기를 자주하는 것은 정숙한 덕이 아니다. 세속의 부인들이 슬퍼서 울고 뉘우쳐서 우는 것은 정당한 울음이요, 그 나머지는 가난을 참지 못하고 병을 견디지 못하여 우는 것이다. 그래도 이것은 오히려 말할 거리가 되거니와, 분해서 울고 아름다움을 시샘하여 우는 일까지 있는데, 그것은 말할 거리조차 못 된다.

4-8 잠을 즐기고 아침에 일찍 일어나지 않는 것은 부인의 나쁜 행실이니, 가정의 좋은 기풍이 무너진다. 이로 인하여 가정의 일이 망가지는 것은 게으른 부인의 죄이다.

4-9 신혼한 여자가 친정에 있을 때 안일하게 지내면 시집가서 항상 시가가 싫어서 친정 가기를 자주 청할 것이니, 그런 습성을 자라게 해

서는 안 된다. 더구나 부귀한 집에서 생장하여 빈궁함을 견디지 못하는 경우임에랴. 교만하고 게으름을 양성하는 것은 오로지 이러한 습성에서 연유되는 것이다.

4-10 고요히 지내는 것을 견디지 못하여 나들이를 좋아하고, 또는 구경하기를 즐기거나 입을 크게 벌리고 웃음을 터뜨리는 것은 그 폐단이 역시 크다.

4-11 세상에는 관우關羽의 사당인 관묘關廟와 같은 도교道敎의 기도처나 혹 절에 가서 밤을 새우며 기도하는 부인이 있는데, 그 가정의 가법이 무너진 것을 알 수 있다.

4-12 남자를 엿보고 그가 살쪘느니 여위었느니, 잘생겼느니 못생겼느니 평론하지 말라. 그런 행동은 남자가 여색을 이야기하는 것과 어찌 다르겠는가.

4-13 이웃집을 엿보아서는 안 되고, 귀를 벽에 대고 손님들의 담소하는 소리를 엿들어서도 안 된다. 만일 음담패설淫談悖說을 듣게 되면 어찌할 것인가.

4-14 습속이 부정하여, 사위를 맞아 그 사위가 3일 밤 처가에서 잘 때 집안 부인들은 반드시 그 신혼부부의 사담私談을 엿들으니, 어찌 그리 누추한 짓을 할까. 가장이 된 사람은 그런 습속을 엄중히 금해야 옳다.

4-15 시숙媤叔이 병을 앓을 때는 병석에 몸소 들어가서 문병해서는 안 된다. 문 밖에서 물어볼 것이다.

4-16 자녀나 하인이 비록 과실을 범했더라도 남편 및 시부모나 존장尊長이 자리에 있거든 방자하게 때리거나 꾸짖지 말라. 어른이 노여움이 있을 때에도 역시 때리고 꾸짖어서는 안 된다. 그것은 어른에게 마음이 거슬리는 것이 있어서 아랫사람에게 노여움을 옮기는 혐의가 있기 때문이다.

4-17 가장이 밖에 나가서 저물도록 돌아오지 않거든, 등불을 밝혀두고 화로에 불을 담아놓고 그릇을 정리해두고 나서 조용히 기다리고 있어야 한다. 그랬다가 가장이 돌아와서 옷을 벗고 자리에 앉거든, 국과 반찬을 데워서 밥상을 올려야 한다. 게으름을 피워서는 안 된다.

4-18 부부의 화목和睦은 가정의 행복이다. 화목하면 아무리 빈천하더라도 걱정할 것이 못 된다. 부부의 불화는 가정의 재앙이다. 불화하면 아무리 부귀하더라도 기쁠 것이 못 된다.

4-19 장부丈夫가 안방을 좋아하는 것 역시 부인의 수치이다.

4-20 아내가 교만 방자해지게 되는 것은 모두 장부가 자기 자신을 올바르게 갖지 못하는 데서 연유한다. ≪한시외전韓詩外傳≫에 이런 말이 있다.

"맹자孟子의 아내가 어느 날 혼자 있으면서 걸터앉아 있었다. 맹자는 방에 들어가서 그것을 보고 자기 어머니에게 '아내가 무례하니 버리겠습니다.' 하고 아뢰었다.

그러자 그 어머니는 말하기를 '그것은 바로 네가 무례한 것이지, 아내가 무례한 것이 아니다. ≪예기禮記≫에 「문에 들어서려 할 때나 당堂에 올라가려 할 때에는 반드시 인기척을 하고, 방문에 들어가려 할 때에는 시선을 반드시 아래로 내리라.」 하지 아니하였느냐. 이것은 남이 몸을 제대로 준비하지 않고 있을 때에 갑자기 들어가지 말라는 뜻이다. 그런데 이제 너는 아내가 있는 안채에 가서 방에 들어갈 때 인기척을 하지 않았다. 그래서 네 아내가 자신을 정돈하지 못하고 그대로 걸터앉아 있게 된 것을 보았으니, 이것은 네가 무례한 것이지, 아내가 무례한 것이 아니다.' 하였다. 그래서 맹자는 자신을 책망하고 감히 아내를 버리지 못했다."

4-21 송宋나라 때 학자 유이劉彝(1017~1086)는 이렇게 말했다.

"가정을 다스리는 데 있어 사소한 잘못을 초기에 엄격하게 막지 않거나, 과실을 아직 범하기 전에 강경하게 바로잡지 않는다면, 그 후회를 피할 수 없을 것이다. ≪주역周易≫에 '가정을 처음 가졌을 때 단속해야 한다. 그것은 사람의 뜻이 변하기 전이기 때문이다.' 하였다.

남녀의 뜻이 이미 정이 들어 예의를 넘어선 지경에 이르면, 아무리 엄하게 단속하여 허물이 없게 하려 하나 허물이 없을 수 있겠는가."

4-22 무릇 결혼 피로연에 갔을 때는 수줍어하지 말고, 교만 떨지 말고, 게으름 피우지 말고, 방종하지 말고, 아첨하지 말고, 부러워하지 말라. 그리고 이를 내놓고 웃지도 말고 손을 흔들며 말하지도 말라. 또는 떡이나 고기를 방자하게 먹지도 말라. 또는 머리를 떨어뜨려 근심이 있는 것처럼 하지 말고, 엄격한 얼굴을 지어 노여움이 있는 것처럼 하지 말며, 자리를 넘어 어지럽게 걸어 다니지 말라. 그리고 남의 화장이 짙다느니 옅다느니 평하지 말고, 남의 장식품이나 의복 값의 고하를 묻지 말며, 귀에 대고 소곤거리거나 눈을 흘겨보지 말라.

정중하면서 고요하고 장엄하면서 온화하고, 신중하고 자상한 태도를 가진 다음에야 그 위의威儀와 법도法度를 잃지 않을 것이다.

5. 자녀 교육

5-1 자고로 현숙한 부인이 많지 않은 것은 아니나, 오직 송宋나라 때의 성리학자 정호程顥(1032~1085), 정이程頤(1033~1107) 형제의 어머니인 후부인侯夫人은 배울 만한 분이다. 정이는 이렇게 말씀하셨다.

"어머니께서는 겸손하고 공순함으로써 자신을 단속하고 여러 배다른 형제들을 자기 소생과 다름없이 사랑하셨다. 그리고 매를 때리는 일을 좋아하지 않으셨다. 어린 하인을 보기를 자기 자녀처럼 하시고, 혹 그들을 꾸지람하실 때에는 '너희가 이 모양인데 커서도 이런 일을 하겠느냐.'고 견책譴責하셨으며, 항상 말씀하시기를 '아들이 불초하게 되는 것은 어머니가 아들의 허물을 숨겨 아버지가 알지 못하게 하는 데서 연유한다.'라고 하셨다.

또 음식을 먹을 때에는 우리들을 옆자리에 앉히시고, 우리들이 음식을 골라 먹으면 곧 꾸짖고 못하게 하며 말씀하시기를 '어릴 때 자기 욕심에 맞는 것을 찾는다면, 자라서 어떻게 되겠느냐.' 하셨다. 그리고 아무리 하인이라 하더라도 나쁜 말로 나무라지 않으셨다. 그 때문에 우리 형제는 평생 음식과 의복을 가리는 일이 없었고, 나쁜 말로 남을 꾸짖지 못했다. 그것은 성품性品이 그런 것이 아니라, 가르침을 받아 그렇게 된 것이다.

　그리고 우리가 남과 다툴 때에는 우리의 주장이 비록 옳더라도 편들지 않고 말씀하시기를 '자신을 굽히지 못하는 것을 걱정할 것이요, 자신의 주장을 제대로 펴지 못하는 것을 걱정할 것이 아니다.' 하셨다. 또는 항상 우리들로 하여금 좋은 스승에게 배우고 벗을 따라 놀게 하셨고, 비록 생활은 가난했지만 우리가 벗이나 손님을 집에 초대하고 싶어 하면 기뻐하시며 음식 등을 장만하셨다."

5-2 퇴계退溪 이황李滉 선생은 이렇게 말씀하셨다.

　"작고하신 어머니 정부인貞夫人 박씨朴氏께서 성품이 아름답고 유순하였는데, 우리 선인先人께 후처後妻로 시집을 오셨다. 선인께서 돌아가시자 전처前妻의 아들 등 자녀가 많은데 일찍 과부가 되었으므로 장차 집안을 능히 지탱하지 못할 것을 크게 염려하시고, 농사짓고 누에 치는 일에 더욱 힘쓰셨다.

　그리고 여러 아들이 점점 자라자 멀고 가까운 곳에 가서 글을 배우게 하고, 매양 훈계를 하여 학문을 일삼게 하였을 뿐만 아니라, 몸가짐을 잘하고 행실을 삼가도록 하는 것에 중점을 두셨으며, 사물을 이끌어서 비유하고 일을 들어서 가르치는 등 일찍이 친절하고 자상하지 아니함이 없으셨다.

　그러면서 말씀하시기를 '세상에서 항시 과부의 아들은 교양이 없다고 비방하니, 너희들이 공부에 백 배 힘쓰지 않으면 어떻게 이런 기롱譏弄을 면하겠느냐.' 하셨다."

5-3 중국의 학자 하흠賀欽(1437~1510)이 여러 딸들을 교육하던 12조목은 다음과 같다.

(1) 침착하고 자상하고 공순하고 부지런할 것

(2) 제사를 엄숙한 마음으로 받들 것

(3) 시부모를 효성으로 받들 것

(4) 남편을 예의로 섬길 것

(5) 동서들을 화목으로 대할 것

(6) 자녀들을 바른 도리로 가르칠 것

(7) 하인들을 은혜로써 어루만질 것

(8) 친척을 공경으로 접대할 것

(9) 착한 말을 기쁜 마음으로 들을 것

(10) 간사하고 망령됨을 진정으로 경계할 것

(11) 길쌈을 부지런히 할 것

(12) 재물을 절약해 쓸 것

남자를 가르치지 않으면 자기 집을 망치고, 여자를 가르치지 않으면 남의 집을 망친다. 그러므로 미리 가르치지 않는 것은 부모의 죄이다. 고식적姑息的인 사랑만을 베풀면 후환이 생기고 많은 해를 끼치게 된다.

5-4 자녀들을 가르치는 데는 먼저 음식을 탐내는 것부터 금해야 한다. 딸의 경우는 더욱 용서해주어서는 안 된다. 어릴 때 음식을 탐내게 되

면 속병이 생기거나 신체 발달이 더디거나 하여 건강하지 못할 뿐만
아니라, 그 탐욕으로 인하여 사치한 마음이 생기고, 사치로 인하여 도
둑의 마음이 생기고, 도둑의 마음으로 인하여 사나운 마음이 생긴다.
음식을 탐내는 부녀가 남의 집을 망치지 않는 것을 나는 보지 못했다.

작고한 나의 어머니께서는 우리 형제자매를 기를 때에 음식을 절
약해서 먹게 하셨다. 그 때문에 우리 네 형제자매는 자라서도 남보다
지나친 욕심이 거의 없었다.

어린아이는 두 손에 물건을 잔뜩 거머쥐고도 오히려 부족해한다.
아무리 그러지 못하게 해도 듣지 않는다. 그럴 때에는 그가 가진 것
을 다 빼앗아야 한다. 죽을 듯이 울어대도 그것을 되돌려주지 말아야
옳다. 속담에 "미운 아이 떡 많이 주고 예쁜 아이 매 많이 때려라." 하
였다.

5-5 중국 삼국三國시대의 선비인 우위虞翻의 아내 조씨趙氏는 딸을
시집보낼 때 이렇게 당부하였다.

"좋은 일을 삼가서 하지 말거라."

그 딸이 말하였다.

"좋은 일을 하지 않으면 나쁜 일을 하라는 겁니까?"

조씨가 말하였다.

"좋은 일도 오히려 할 수 없는데, 더구나 나쁜 일을 한단 말이냐."

이것은 ≪시경詩經≫에 이른바 "나쁜 일도 하지 말고, 착한 일도
하지 말고, 오직 음식에 관한 일만을 의논하여 부모에게 걱정을 끼치

는 일이 없어라."라고 한 구절과 그 뜻이 같은 것이다.

주자朱子는 이 시를 해석하기를 "여자는 공순함으로써 바른 도리를 삼으니, 나쁜 일을 하지 않으면 족하고, 착한 일을 한다 해도 또한 적극 권할 만한 일은 아니다."라고 하였다.

이상 두 가지의 말은, 부인의 행실은 조용하고 온화하여 드러나게 무엇을 주장하여 한다는 말이 바깥사람들에게 들리는 일이 없어야 한다는 뜻이다. 세속에서 이른바 재능이 있다는 부인은 반드시 바깥일이나 남편의 일에 잘못 간여하는 폐단이 없지 않다.

5-6 세상에서 남의 후처後妻가 된 사람은 반드시 본처本妻의 자식을 사랑하지 않는데, 이것은 내 남편의 자식이면 또한 나의 자식이라는 것을 깊이 모르기 때문이다. 아무튼 그들은 어머니를 잃었으니, 더욱 불쌍히 여기는 것이 옳다.

5-7 가난한 집 여자는 촌스럽고 누추하며, 부잣집 여자는 교만스럽고 사치하는데, 그것은 듣고 보는 것이 그렇게 만들었기 때문이다. 그러나 또한 먼저 가난했다가 뒤에 부자 된 집 여자는 흔히 인색하고, 먼저 부자였다가 뒤에 가난해진 집 여자는 흔히 어리석고 무능한 경우도 있는데, 모두가 정상이 아니다. 그러므로 부인을 얻어 가문에 들어오거든 모름지기 형세를 살펴서 나쁜 버릇을 바로잡아야 한다.

5-8 의복 만드는 법과 음식 장만하는 법을 책으로 만들어서 반드시 처녀를 가르쳐 잘 익히게 하라.

5-9 임산부가 행동과 음식을 삼가지 않으면, 자식으로 하여금 일찍 죽거나 병들게 한다.

5-10 아무것도 모르는 젖먹이 아기가 세차게 울어대면, 성질 조급한 부인은 그것을 그치게 할 방법은 생각할 줄 모르고, 도리어 나무라는 말을 하여 마치 참으로 지각이 있으면서 일부러 우는 자를 대하듯 하니, 어찌 그리도 답답한가. 부인이 하는 일은 대체로 이와 같다. 이것은 비록 작은 일이나 반성하지 않을 수 없는 것이다.

6. 인륜人倫

6-1 남자는 반드시 자신이 높은 체하여 장부는 곧 하늘과 같고 임금과 같다는 생각으로 마구 포악한 행동을 하고, 잘못된 일은 모두 부인만을 전적으로 책망責望해서는 안 된다.

그 때문에 맹자孟子는 "자신이 도道를 행하지 아니하면 처자에게 본보기가 되지 못하고, 사람을 부리는 데 도로써 하지 않으면 처자에게도 적용할 수 없다." 하고, ≪효경孝經≫에 "집을 다스리는 자는 감히 하인들에게도 잘못하지 않는데, 하물며 처자에게 대해서랴. 그러므로 남의 환심을 사서 그 어버이를 잘 섬긴다. 그 때문에 어버이가 생존 시에는 편안함을 누리고 사후에는 제사祭祀를 흠향歆饗한다. 그리하여 재앙이 생기지 않고 환란도 일어나지 않는다." 하였으니, 이것은 부인의 덕이 이를 잘 돕는 공이 있기 때문이다.

6-2 부부가 화목하면 비록 거친 밥을 먹고 해진 옷을 입더라도 그 즐거움은 이루 말할 수 없을 것이요, 부부가 불화하면 비록 비단옷을 입고 진수성찬을 먹는다 하더라도 그 근심과 탄식은 견디지 못할 것이다. 그러므로 ≪시경詩經≫에 "부부는 금琴과 슬瑟의 악기와 같아 서로 잘 어울리니 소리가 아름답네."라고 하였다.

6-3 빈한한 집의 부부는 곧잘 서로가 원망을 하는데, 어찌 그리도 상서롭지 못한가. 혹은 장부가 자력으로 생업을 하여 처자를 양육하지 못하고 도리어 그 허물을 아내에게 돌려서, 툭하면 '집이 가난하면 어진 아내를 생각한다.'*라는 옛말을 일컬어, 버젓이 그 아내를 싫어해 버릴 뜻을 나타내니, 인정이 각박하고 인륜이 떨어진다. 옛말은 바로 전국戰國시대 쇠망한 세상의 말이니, 법칙으로 삼을 것이 못 된다.

* 전국시대 위 문후魏文侯가 이극李克에게 이 말을 인용하면서 위성魏成과 책황翟璜 중 누가 재상감인지 물은 것이다.

6-4 예법禮法에 부인이 '칠거지악七去之惡'을 범했어도 그가 들어오기 전에는 빈천하고 그가 들어온 뒤에 부귀했으면 버려서는 안 된다는 조항이 있으니, 선왕이 예를 제작함에 인정을 살펴 후하게 한 것이다. 한漢나라 때 선비 송홍宋弘은 "조강지처糟糠之妻는 내쫓지 않는다." 하였으니, 이 말이 후덕한 사람의 말이다.

천하에서 가장 민망히 여길 자는 빈한한 선비의 아내이다. 그러므로 그를 약한 나라의 신하에 비유한 경우도 있다. 빈천할 때엔 그 수고로움을 같이하고, 부귀할 때엔 그 영화를 함께 누리어 사랑과 도리를 잃지 않고 해로偕老를 약속하는 것이 가정에 상서로운 일이다. 아내가 만일 가난을 견디지 못하여 남편을 원망하거나 버려서는 안 된다.

6-5 세상에 못난 남자 중에는 사나운 부인에게 제압되어 꼼짝 못하는 자가 왕왕 있는데, 이것은 인륜의 큰 변고로 용서하지 못할 바이니, 능

멸하고 구타하고 꾸짖는 등 못할 짓이 없기 때문이다.

대개 사나운 부인은 으레 재주가 많아서 가정 경영을 잘하므로, 남편이 그것에 의지하여 생활하게 된다. 그 때문에 부인은 남편을 제압하고 남편은 부인에게 꼼짝 못하게 되니, 어찌 가련하지 않은가.

6-6 시어머니와 며느리는 성姓이 다른 사람이 의리로써 결합되었으니, 존비尊卑의 같지 않음이 있고, 노소老少의 다름이 있다. 더구나 그들 중에는 흔히 편협한 성품을 가져 서로 용납하지 못하는 자가 비일비재함에랴.

그러므로 시어머니 된 자는 며느리가 자기 명령에 순종하지 않음을 걱정하지 말고 자기가 며느리를 귀여워하지 못함을 걱정하면 시어머니의 명령을 순종하지 않는 며느리가 적을 것이고, 며느리 된 자는 시어머니가 자기를 귀여워하지 않음을 걱정하지 말고 자기가 시어머니의 명령에 순종하지 못함을 걱정하면 며느리를 귀여워하지 않을 시어머니가 적을 것이다.

6-7 시어머니와 며느리는 같은 여자이니, 은의恩義가 오히려 쉽게 행해질 수 있거니와, 시아버지와 며느리는 남자이고 여자이기 때문에 시어머니와 며느리와의 사이에 비할 것이 아니다. 이것은 존엄尊嚴이 지극함에 따라 사이가 멀어지기 쉽기 때문이다.

그러므로 며느리 된 자는 조심하여 시아버지를 받들어 오직 시아버지께 사랑을 못 받을까 염려하고, 시아버지 된 자도 또한 며느리의 착한 점은 아무리 작은 것이라도 칭찬해주고, 허물은 미세한 것은 눈 감아주어야 한다. 그리고 귀여워하고 사랑하면서도 엄숙하고 정중하게 대해야 하며, 좌우에서 슬금슬금 참소하는 것을 받아들이지 말아야 한다. 그래야 집안의 법도가 정해진다.

옛말에 "어리석고 귀먹지 않으면 늙은이 노릇할 수 없다." 하고, ≪여헌女憲≫에 "며느리는 마치 그림자나 메아리처럼 순종하는데, 어찌 가상히 여기지 않겠는가." 하였다.

6-8 시어머니는 며느리의 친정이 가난한 것을 얕잡게 보아, 며느리가 잘 봉양해주지 않으면 가혹하게 꾸짖고 조금도 사랑하거나 가엾게 여기지 않는다. 심지어는 그 며느리로 하여금 근심으로 말라 죽게 하거나, 혹은 칼과 독약으로 자살하게 만드는 자까지 있는데, 이것은 인륜의 큰 변이다.

무릇 며느리를 가진 자는 더욱더 경계해서, 인륜을 중시하고 재물을 경시하여, 혹시라도 귀신과 사람에게 죄를 짓지 말아야 한다.

6-9 동서同壻들이 한방에 살면서 사사로이 음식을 사 먹으며 남이 알까 염려해하는 것은 정숙한 덕이 아니다.

6-10 동서간에 빈부가 비록 같지 않더라도 부러워하거나 업신여겨서는 안 된다. 서로 화목하여 틈이 나지 않게 지내는 것이 옳다.

6-11 동서들의 방에 몰래 가서 엿들어서는 안 되고, 또한 간사한 하녀

를 시켜서 그들의 과실을 살피게 해서도 안 된다. 그것은 여우 같은 행동이다. 집안에 귀에 대고 속삭이는 말이 없어야만 집안 도리가 이에 바로 세워진다.

6-12 동서들의 아들들이 서로 싸울 때에는 자기 아들을 편들어 상대편에게 나쁜 소리를 해서는 안 된다. 이 아이들은 4촌이나 6촌간의 혈연血緣이기 때문이다.

6-13 자매姊妹의 남편은 외인外人이다. 자매가 있음으로 알게 된 사람이니, 자매와 더불어 혹 그를 볼 수는 있으나 편지를 통하거나 자주 오가서는 안 된다.

6-14 부인의 성질은 왕왕 딸을 아들보다 더 사랑하고, 사위를 며느리보다 더 사랑하여, 심지어는 집안의 도리를 무너뜨리기까지 하니, 어찌 그리도 편벽된가. ≪시경≫에 "뻐꾸기 뽕나무에 있는데 그 새끼 일곱 마리로다."라고 한 것은, 새끼에게 먹이 먹이기를 한결같게 하여 조금도 차별이 없음을 말한 것이다.

며느리가 여럿일 경우, 가난한 집 딸도 있고, 부잣집 딸도 있을 것이다. 그들을 대할 때 가난한 집 딸이라 해서 박대薄待하거나 부잣집 딸이라 해서 후대해서는 안 된다. 만일 차이를 두게 되면, 가난한 자는 원망하고 부유한 자는 교만할 것이니, 집안 인륜의 무너짐이 반드시 여기에 말미암지 않음이 없는 것이다.

6-15 무릇 사위나 며느리를 고를 때에는 덕행德行을 우선으로 보고, 집의 예절과 문벌을 그 다음으로 볼 것이다. 만일 덕행이 없다면 비록 유명 집안일지라도 족히 볼 것이 못 된다. 그리고 그 집에 학문과 예절이 있다면, 그들이 자녀를 가르칠 때 반드시 옛날의 교훈을 따랐을 것이며, 사위나 며느리 된 자도 그것을 보고 감화되었을 것이다.

지금 사람은 그렇지 않고 먼저 부귀를 고른다. 가난할 것 같으면 비록 어질고 현숙해도 취하지 않는다. 비록 명문거족이라 하더라도 집이 가난하면 더불어 혼인하지 않는다. 집안 예법은 아예 논하지도 않는다. 부귀하다면 비록 백치白痴나 바보라 하더라도 사양하지 않는다.

또한 문벌만 취하고 덕행과 집안 예법은 묻지 않는 자도 있고, 용모의 아름다움만 취하고 기타의 것은 묻지 않는 자도 있다. 이상 몇 가지 경우는 장부가 능히 스스로 결단하지 못하고 부녀자에게까지 상의해서 자녀를 물건 취급하듯 하는 것이다. 그래서 집안의 패망敗亡함이 이루 말할 수 없을 지경이 되니, 어찌 추하지 아니한가.

6-16 이미 출가한 딸이 친정 재물을 뜯어다가 시댁을 살찌게 하는데, 요구하는 일이 한정이 없어 심지어 친정을 망쳐놓기까지 하는 자가 있다. 또 반대로 시집 재물을 모두 긁어다가 친정 형제를 보조함으로써 시댁을 망하게 하는 자도 있는데, 그것은 부인 된 올바른 도리가 아니다.

두 집 중 한 집은 가난하고 한 집은 부유할 경우, 서로 돕는 도리에 있어서 스스로 그 정당한 방법이 있으니, 자기 마음대로 자행하여 남에게 말을 들어서는 안 된다.

7. 제사祭祀

7-1 제사 의식을 밝게 익히어, 제사상에 음식을 차릴 때 그 차례를 잃지 않아야 하고, 그 의식을 책에 적어서 여자를 가르쳐야 한다.

7-2 무릇 과일이나 곡식, 고기, 채소 등이 생겼을 때에는 반드시 먼저 갈라내어 제사 때 쓸 것을 마련해둔 다음 다른 곳에 써야 한다.

7-3 무릇 제삿날 제사 음식을 장만할 때에는 시끄럽게 웃거나 말을 많이 하지도 말고, 아이를 때리거나 하인을 나무라지도 말라. 음식물이 삶아지거나 구워질 때의 그 증발된 기운을 신령이 흠향하기 때문이다. 떡이나 과일을 너무 높이 괴어서 어지럽게 떨어지도록 하는 것은 정결한 정성이 아니다.

7-4 무릇 돌아가신 날 지내는 기제사忌祭祀 때에 술잔을 올린 뒤 문을 닫고 나서 반드시 곡哭을 그치고 정숙하게 있는 것은 신령이 번거롭지 않게 하기 위함이다. 그런데 부인들은 예법의 뜻을 알지 못하고, 이때에 혹 곡을 그치지 않는 자도 있는가 하면, 그치게 하면 더욱 곡을 해 마지않는 자가 있으니, 이것이 어찌 신령을 섬기는 예이겠는가. 이러한 습속이 여간 많지 않은데, 고치는 것이 옳다.

7-5 무릇 제사란 그 전에 경건한 재계齋戒에 힘쓰고 슬픈 정성을 다하는 것이다. 진실로 이와 같이 한다면 한 그릇의 쌀밥과 한 그릇의 나물국으로도 족히 귀신을 흠향시킬 수 있지만, 진실로 이와 같이 아니한다면 비록 소와 돼지를 차려놓는다 하더라도 이는 남의 눈에 자랑하기 위하는 일일 뿐, 성심誠心은 결여된 것이다.

그러므로 군자의 제사는 집안 형편에 따라 있으면 있는 대로 없으면 없는 대로 차리지, 그 가난하고 부유함을 계산하지 않는다.

7-6 지금 세상 부인들은 제사 음식을 풍족하게 갖추지 못하는 것을 큰 수치로 여겨, 무릇 제사 음식을 장만할 때에는 반드시 먼저 그 일가와 이웃 마을에 넉넉히 나누어 먹일 것부터 계산한다. 그래서 집안 재정이 부족하면 빚을 얻어서 장만하게 된다. 그리하여 결국에는 빚쟁이가 빚을 독촉하면서 "빚을 내어 조상에게 제사를 지내고서 즉시 갚지 않으니, 어찌 그리도 불효한가."라고 반드시 욕설을 하게 된다.

아, 이런 짓은 참으로 불효로다. 대개 사치스럽게 제사를 지냄으로써 가산家産을 파탄시키는 자가 있는데, 이것이 어찌 조상의 뜻이겠는가.

7-7 세속의 부인들은 미신에 미혹되어 이웃에 전염병과 홍역이나 마마가 돌면, 불결하다고 핑계 대고 제사를 지내지 않는가 하면, 심지어는 집안사람이 하찮은 병만 앓아도 고의로 제사를 지내지 않는다. 가장도 그 말을 지나치게 믿어서 능히 금지하지 않는다.

또한 제사는 잘 안 지내면서 잡귀雜鬼에게 빌기도 하는데, 그 이름
을 신사神祀라 한다. 장구, 피리, 징을 요란스럽게 울려대고, 여자 무당
은 훌훌 뛰면서 독설로 나무란다. 그러면 부인은 돈과 비단을 바치고
서 신의 은혜를 입었다고 한다. 가장은 그것을 금하지 않고 바깥 사랑
에 물러가 있으면서 태연하게 여기고 부끄러워할 줄 모르니 슬픈 일
이다.

8. 부녀자의 살림살이

8-1 선비의 아내가, 생활이 곤궁하면 생업을 약간 경영하는 것도 안되는 것이 아니다. 길쌈하고 누에를 치는 일이 원래 부인의 본업이지만, 닭과 오리를 치는 일이며 장, 초, 술, 기름 등을 판매하는 일이며 대추, 밤, 감, 귤, 석류 등을 잘 저장했다가 적기에 내다 파는 일이며, 홍화紅花, 자초紫草, 단목丹木, 황벽黃蘗, 검금黔金, 남정藍靘 같은 염색 자료를 사서 쌓아두는 일은 부업으로 무방하다.

8-2 돈놀이하는 것은 어진 부인이 할 일이 아니다. 적은 돈을 주고 많은 이식을 취한다는 그 자체가 의롭지 못한 일이 될 뿐만 아니라, 만일 약속 기일을 어기고 상환하지 않으면, 가혹하게 독촉하고 악담을 마구하게 되며, 심지어는 하녀로 하여금 소송케 해서 그 일이 관청 문서에 기재되어 채무자가 집을 팔고 밭을 파는 등 집이 도산하여 그 원성이 원근에 파다하게 퍼지게 된다.

또 형제 친척간에도 서로 빚을 얻거니 주거니 하는 것을 하지 말아야 한다. 자연 이익에만 급급할 뿐, 화목和睦하고 돈후敦厚하는 뜻은 잃게 되는 것이다. 내가 볼 때 돈놀이하는 집은 연달아 패망하니, 그것은 인정에 가깝지 못한 일이기 때문이다.

8-3 어떤 집 자녀들은 사사로이 닭이나 개를 길러 각기 몫을 정하고, 돈이나 곡식을 나누어 가져 이식을 늘리는데, 이것은 참으로 부모가 무식한 소치이다.

그런데 부모는 그것을 엄금하지 않을 뿐만 아니라, "나는 아무개가 기르는 짐승을 꾸어 먹겠다."느니, "아무개 딸이 변리하는 돈을 꾸어 쓰겠다."느니 말하고, 그 자녀 된 자는 인색하여 주지 않기도 하고, 혹은 은택을 베풀듯 빌려주기도 한다. 아, 이것은 작은 일이 아니라, 인륜이 도치되는 시초다.

8-4 가장에게 알리지 않고 빚을 많이 얻어서 사치하는 비용으로 쓰는 부인네가 있는데, 그를 이름하여 낭부浪婦라고 한다.

8-5 부인이 빚을 잘 내고 꾸어 쓰기를 잘하는 것은 절약하지 않는 데서 연유하고, 절약해 쓰지 않는 것은 근면하고 인내하지 않는 데서 연유된 것이다.

8-6 부지런하고 검소하지 않아서 조상의 유업遺業이 한 부인의 손에서 없어지는 일이 왕왕 있는데, 어찌 두렵지 않은가. 그러므로 부인의 인색함은 그래도 말할 거리가 되지만, 부인의 사치함은 말할 거리조차 못 된다.

8-7 부인이 남에게 베풀어주기를 즐긴다는 것은 좋은 소식이 아니다. 그렇다고 인색하라는 말은 아니다. 베풀어주기를 즐기는 것은 비록 남

에게 칭찬을 받는 일이기는 하지만, 가장이 맡긴 재물을 마구 없애서는 안 되는 것이다. 만일 종족이나 이웃 마을에 곤궁한 사람이 있거든, 반드시 가장에게 알리고 도와주는 것이 옳다.

8-8 시부모가 주신 물건은 마음대로 남에게 주거나 마음대로 팔아서는 안 된다.

8-9 안에서 쓰는 기물은 크고 작고 완전하고 파손된 것을 막론하고 반드시 그 소재처를 적어두어, 혹시라도 유실되는 일이 없어야 한다.

8-10 방과 마루를 깨끗이 쓸고 그릇 등을 깨끗이 씻는 일에 힘써야 한다. 그 때문에 부婦자의 생김새가 여女자 변에 추帚자를 더한 것이니, 여자는 항시 비를 가지고 살아야 한다는 뜻이다. 이는 근본을 말한 것이다.

8-11 머리를 빗고 나서 떨어진 머리털을 함부로 버려 옷에 묻거나 음식물에 들어가게 해서는 안 된다.

8-12 새의 깃, 고기비늘, 나뭇잎, 과일의 씨, 동물의 털 등을 마루나 방, 또는 뜰에 어지럽게 버리지 말라.

8-13 부엌 천장의 그을음과 그릇 얹는 반자盤子의 거미줄은 사람의 눈에 잘 띄지 않는 것이다. 그러나 의복과 음식이 불결해지는 것은 모두 거기에서 연유하니, 날마다 점검하여 있을 때마다 제거하는 것

이 옳다.

8-14 처마에 흐르는 빗물은 새똥과 벌레집을 적셔 더러운 것이 집중된 물이니, 손을 씻고 낯을 씻거나 그릇을 씻고, 음식을 만들거나 해서는 안 된다. 하녀가 그 물을 쓰는 것도 또한 금해야 한다. 그리고 여름철 물은 오래 두고 써서는 안 된다. 장구벌레가 음식에 들어갈까 염려되기 때문이다.

8-15 담배를 피우는 것은 부인의 덕을 크게 해치는 일이니, 정결한 버릇이 아니다. 그것은 담배 냄새에 오래 훈습薰習되면, 흐르는 침을 제대로 거두지 못하기 때문이다.

또 담뱃가루가 음식에 한번 떨어지면 다 된 음식을 죄다 버려야 하니, 어찌 부인이 가까이할 물건이겠는가.

8-16 바늘을 옷깃에 꽂지 마라. 젖 먹는 아기가 찔릴까 두렵다. 아기가 젖꼭지를 물고 자게 하지 말라. 체해서 소화되지 않을까 두렵다. 갓난아기를 눕힐 때는 반드시 베개를 반듯하게 베어주어야 한다. 두상이 비뚤어질까 염려되기 때문이다. 아기를 밝은 창 밑에 눕히지 말라. 눈이 상할까 두렵다. 포대기와 요를 불결하게 해서 남의 눈을 더럽히지 말라. 이상 몇 가지는 부인의 정성스런 마음을 족히 볼 수 있는 것이다.

8-17 손가락으로 등불의 심지를 돋우고는 기름 묻은 손가락을 창문이나 벽에 문지르지 말라. 그리고 심지를 길게 돋우지 말라. 창호지나 벽

지를 찢어서 등불을 붙이지 말라.

8-18 생선과 육고기, 면포와 비단, 과일과 채소, 그릇 등 일용품을 남을 시켜 사오게 할 때는 그 값을 너무 깎아서는 안 되고, 또 이미 재단했거나 더럽힌 뒤에 되물리게 하여 남의 원망을 사서는 안 된다. 값은 다만 상인이 너무 심하게 속이는 것을 막을 뿐이다.

8-19 사돈집과는 자연 형제의 의리가 있으니, 안부도 묻고 선물도 보내면서 오래갈수록 더욱 화목하고 공경하여 후의를 잃지 말아야 하고, 비록 잘못이 있더라도 서로 비호해야 하며, 아들, 딸, 사위, 며느리의 안면을 보아서라도 조금도 불안한 마음을 갖게 하지 말아야 한다.

　그런데 지금 세상에는 사돈 사이가 한 가지 일의 불화로 인하여 걸핏하면 원수지간이 되는데, 이것은 모두 부인으로 인해 생기는 것이다.

　사위 집에서 며느리 집을 학대하는 일이 더욱 많다. 심지어 며느리로 하여금 몸 둘 곳이 없어 한恨이 맺혀 죽게까지 하니, 아! 심한 일이로다.

8-20 집안사람이 병이 나면 부녀들이 주장하여 의약醫藥은 물리치고 푸닥거리만 일삼다가 환자를 사망하게 하는 일이 많다. 그런 짓은 작은 일이 아니니, 마음에 두렵지 않겠는가.

8-21 집안사람이 병이 나면, 무당과 판수가 "아무개 조상의 탓이다." 하는 말에 미혹되어, 반드시 그들로 하여금 푸닥거리를 하게 하여서, 설만褻慢하고 불경스런 짓을 못할 바 없이 하고, 또한 그 무덤에까지

가서 푸닥거리를 하는 자도 있으니, 이것은 요사스런 징조이다.

8-22 부인이 병이 나면, 으레 편협한 소견을 고수하여 찬바람도 삼가지 않고, 약도 먹지 않고서, 무당과 점쟁이를 깊이 믿고 오직 비는 일만 일삼으니, 이것은 남의 집을 어지럽히고도 남음이 있다.

8-23 부인의 덕행은, 아랫사람의 심정을 미루어 짐작하는 일이다. 송宋나라 때 학자 양만리楊萬里(1124~1206)의 부인 나씨羅氏는 나이가 70여 세인데도 매양 추운 겨울에는 새벽에 일어나서 몸소 죽을 쑤어 하인들을 두루 먹이고 나서 일을 하게 하였다.

8-24 율곡 선생은 이렇게 말하였다.

"집을 다스리는 데는 마땅히 예법禮法으로써 내외內外를 분별해야 한다. 비록 하인이라 하더라도 남녀가 같은 방을 사용하게 해서는 안 된다. 사내종은 심부름시킬 일이 있지 않으면 안채에 들어가게 해서는 안 된다."

8-25 요즘 세상 부인 중에 재주 있는 자가 혹 붕당朋黨의 당파에 대한 이야기와 어느 집안 문벌의 높고 낮음에 대한 이야기와 옛날 벼슬아치들의 승진되고 좌천된 것에 대한 이야기를 하면, 일가친척의 남녀들은 시끄럽게 그의 재능을 칭찬하게 되니, 아! 이것은 참으로 집안을 어지럽히는 근본이다. 이런 식으로 나가면 바깥일에 참견하지 않는 일이 없을 것이다.

8-26 부인은 경서經書와 사서史書, ≪논어論語≫, ≪시경詩經≫, ≪소학小學≫, 그리고 ≪여사서女四書≫를 대강 읽어서 그 뜻을 통하고, 여러 집안의 성씨, 조상의 계보, 역대의 나라 이름, 성현의 이름자 등을 알아둘 뿐이요, 공연히 시문詩文을 지어 외간에 퍼뜨려서는 안 된다.

8-27 훈민정음訓民正音은, 자음·모음과 초성·중성·종성과 치음齒音·설음舌音의 청탁淸濁이 있고, 글자를 만드는 원리가 우연한 것이 아니다. 비록 부인이라도 그 변화하는 묘리를 밝게 알아야 한다. 이것을 알지 못하면, 말하고 편지하는 것이 촌스럽고 비루하여 본보기가 될 수 없다.

8-28 언문諺文으로 번역한 이야기책을 탐독하여 집안일을 방치하거나 여자가 할 일을 게을리해서는 안 된다. 그런데 심지어 돈을 주고 빌려보는 등 거기에 취미를 붙여 가산을 파탄하는 자까지 있다.

또는 그 내용이 모두 투기하고 음란한 일이므로, 부인의 방탕함이 혹 그것에 연유하기도 하니, 간교奸巧한 무리들이 요염하고 괴이한 일을 늘어놓아 선망羨望하는 마음을 충동시키는 것이 아닌 줄을 어찌 알겠는가.

8-29 무릇 언문 편지를 지을 때는, 말은 반드시 분명하고 간략하게 하고, 글자는 반드시 또박또박 반듯하게 써야지, 두서없는 말을 장황하고 지루하게 늘어놓음으로써 남들이 싫증을 내게 해서는 안 된다.

제3장

어린이의 예절

어린이는 백지 상태에서 그림을 그리는 것과 같다. 좋은 것을 견문하고, 때를 놓치지 않고 지식을 쌓고 마음에 상처를 받지 않도록 성장하는 것이 중요하다.

인간 본성이 착하다는 것, 남을 배려하고 폐를 끼쳐서는 안 된다는 것, 기거동작에 절도가 있고, 음식과 말하기를 조심하는 것 등 일상생활에서 예절禮節을 익혀야 한다. 이것이 그 문화와 사회 속에서 앞으로 살아나갈 준비를 하는 것이다.

이 모든 것은 부모의 책임이다. 예절은 어릴 때부터 반복적으로 연습하여 몸에 익혀야 한다. 이를 위해서는 현재 우리의 가정이 회복되어야 한다.

1. 행 동

1-1 사내아이의 기상은 영리하되 경솔하지 않고, 순박하되 유약하지 않아야 하며, 되바라지게 똑똑해서는 안 되고, 다만 묵직하여 장래성이 있어야 한다.

1-2 사내아이는 흔히 조급하고 경박한 버릇이 있다. 모든 행실이 완전하지 못하고 온갖 일이 견고하지 못한 것은 모두 이에 연유한 것이다. 그러므로 ≪주역周易≫에 "어린이를 바른 도리로써 양육하는 것이 성인聖人을 만드는 과정이다."라고 하였다.

1-3 사내아이는 흔히 말을 급하게 하고 걸음을 빠르게 걷는다. 어른은 그것을 보는 대로 금하여 기어이 고치게 하는 것이 옳다.

1-4 글을 읽을 때는 문 밖에서 비록 퉁소소리나 북소리가 나더라도 갑자기 일어나 달려가서는 안 된다.

1-5 사내아이가 좀 자라면 마음이 조급한 자는 혹 조금만 배가 고파도 먹을 것을 끝까지 찾고, 심한 병을 앓으면서도 곧잘 약을 물리치는데, 이것 또한 어긋날 징조다.

1-6 사내아이는 새것을 좋아하는 성벽性癖이 있어, 자신을 아름답게 꾸미려고 한다. 이것은 사치풍조에 빠지기 쉬운 일이니, 부모는 이를 억제하고 검소한 방법으로 유도하여 그로 하여금 소박한 옷을 입게 해야 한다.

또한 헝클어진 머리, 때가 낀 얼굴에 옷과 허리띠를 아무렇게나 몸에 걸치는 아이도 있는데, 이것은 검소한 것이 아니라 누추함에 가까우니, 결코 어진 사람이 될 수 없다. 부모는 이를 억제하고 깨끗이 할 수 있도록 유도하여 그로 하여금 깨끗이 씻고 단정히 옷차림을 하도록 해야 한다.

1-7 어린아이가 의복 · 음식 · 거처, 또는 심부름 시키는 일 등이 자기 뜻에 맞지 않는다고 멋대로 화를 내고 원망을 한다면, 그가 장성하였을 때, 크게는 흉악하고 작게는 잔혹하게 된다. 그러므로 어릴 때 이런 일들에 대하여 선량하고 온순한 버릇을 길러야만 군자가 될 수 있다.

1-8 사내아이는 뛰기를 좋아하고 짠 음식을 좋아한다. 그러므로 열熱이 많고 조갈燥渴이 심하여 절제 없이 물을 마시어 흔히 고질을 이룬다. 그 때문에 안정한 태도를 익히고 음식을 조심하는 것도 부모에게 효도하는 일이다.

1-9 문을 드나들면서 문을 꼭 닫지 않는 것은 상놈의 상이요, 뜰이나 계단을 오르내리면서 훌훌 뛰는 것은 염소나 말의 버릇이다.

1-10 몸가짐이 안정되지 못한 어린이는 혹 옷고름이나 댕기를 씹는데, 나는 그것을 매우 괴이하게 여긴다.

1-11 콧물을 두 소매로 닦거나, 뜰이 아무리 깨끗해도 맨발로 다니면, 추하고 경망하다.

1-12 어릴 때에 반듯하게 앉는 자세를 익히지 않으면, 자라서는 뼈가 굳어져서 반듯하게 앉는 것을 견디지 못하여, 두 다리를 쭉 뻗고 앉거나 한쪽으로 기우뚱하게 앉게 되고, 따라서 행동이 거칠어지며, 마음도 사특해지고 신체와 손발의 자세가 모두 무너질 것이니, 슬픈 일이다.

속에 수양修養이 부족한 자는 걸음걸이가 거칠고, 말씨가 군색하고, 헛기침을 하고, 건성으로 웃고, 머리를 기웃거리고, 손을 내두르고 하는데, 좋은 기상이 아니다. ≪예기禮記≫에 "얼굴에 부끄러운 빛을 띠지 말라." 하였다.

1-13 말소리나 용모에 고질 된 습관이 있는 사람을 장난 삼아 흉내 내서는 안 된다. 오랫동안 흉내 내다 습관이 되면 그를 닮아서 고치기가 어렵다. 눈을 깜박거리고 말을 더듬는 것을 흉내 내다 습관이 된 자가 있는데, 경계하지 않을 수 있겠는가.

얼굴과 손발, 그리고 몸가짐을 어릴 때부터 잘 단속하고서 훌륭한 선비가 되지 못한 사람을 나는 보지 못하였다.

1-14 수시로 이쑤시개를 가지고 이를 쑤시어 이에 낀 찌꺼기를 제거함으로써 입내를 없애고 벌레 먹는 것을 방지해야 한다. 그러나 얼굴을 곱게 하기 위하여 이를 맑은 얼음처럼 닦는 데만 오로지 일삼는다면 이것은 기생妓生의 습속이다.

1-15 바지 속이나 호주머니에 손을 넣지 말라. 손을 호주머니에 넣은 채로 남에게 인사하지 말라.

1-16 음식을 먹지도 않고 말도 하지 않으면서 입을 노상 벌리고 있는 것은 단정한 모습이 아니다. 그리고 눈동자를 굴려 안정하지 못하는 자는 그 마음이 흐트러져 있은 지 이미 오래다.

1-17 손으로 허공에 글씨를 쓰는 것은 마음이 안정되지 못한 짓이다. 붓에 침이나 물을 찍어서 벼루의 면이나 벼루의 뚜껑에 글씨를 마구 어지럽게 쓰면 마음도 따라서 방탕하게 되니, 두려워할 일이다.

　대체로 종이를 보기만 하면 반드시 크고 작은 글자를 비뚤어지고 거칠게, 문리文理도 통하지 않고 체제도 갖추지 않고 난잡하게 쓰는 것은, 그 마음의 흔들림이 환하게 드러나 가릴 수 없으니, 또한 슬픈 일이다.

　연적硯滴이나 필통에 어지럽게 글씨를 쓰지 말라.

1-18 손님의 부채를 함부로 만지지 말고, 남의 부채나 초립草笠, 허리띠에 어지럽게 글씨를 쓰지 말라.

1-19 겨울에 화로를 끼고 앉아서 재에 그림을 그리는 등 불장난을 하여 코끝에 그을음이 묻고 이마에 검정이 찍히고 머리털이 타서 꼬부라지는 아이가 있는데, 또한 미운 짓이다.

1-20 사내아이는 칼이나 송곳 같은 뾰족하고 날카로운 기구를 가지고 놀기 좋아하여, 잘못하다가 살을 다쳐 흉터가 생기고, 혹은 눈동자가 찔려서 애꾸눈이 되는 일이 있으니, 어른은 항시 그것을 금지하는 것이 옳다.

1-21 사람들이 쓰는 칼, 도끼, 망치, 끌 같은 물건은 가까이하거나 만져서는 안 된다.

1-22 무릇 높은 곳에 있는 물건을 찾을 때는 손이 비록 닿지 않는다 해도 베개나 책, 벼룻집을 발밑에 괴어서는 안 된다.

1-23 사내아이들은 입이 가볍다. 모름지기 경계하여 신중을 기해야 한다. 이를테면, 걸인을 대할 때 비렁뱅이라 부르지 말고, 애꾸눈을 대할 때 외눈박이라 부르지 말며, 또한 참혹하고 해괴하고 원통한 말을 가벼이 입 밖에 내지 말아야 한다.

1-24 소경은 성질이 흔히 사나우니, 길에서 만날 때 조소嘲笑하거나 희롱해서는 안 된다. 그러다가는 반드시 얻어맞거나 욕을 먹게 될 것이니, 매우 경계해야 한다. 나는 길에서 소경을 만날 때면 서로 부딪칠

까 싶어서 반드시 기침을 하고 지나간다.

1-25 사내아이는 좀 철이 들면 하인의 어린 딸아이와 함께 놀게 해서는 안 되고, 음란하고 아양 떠는 아이와도 가까이 놀게 해서는 안 된다.

1-26 상중喪中에 있을 때 어린애들은 사람의 예의범절을 전혀 모르고 뛰놀거나 시를 읊는 일이 있는데, 어른들은 자주 타일러서 그들로 하여금 예절을 벗어나지 못하게 해야 한다.

1-27 간사하게 사람을 잘 따라 여인의 태도가 있는 사내아이는 자라서 반드시 유약柔弱하고 아첨할 것이니, 모름지기 정직하고 질박質朴하도록 그를 바로잡아야 한다.

1-28 앉으면 반드시 기대 앉고, 오래 앉아 있는 것을 견디지 못하고, 무릎을 흔들고 손을 잠시도 가만두지 못하며, 어른을 항상 피하고, 교만하고 거칠어서, 늘 높이 날고 멀리 달리려고만 하는 뜻을 가진 아이는 좋은 인재가 아니다. 만일 그런 버릇을 바로잡지 않으면, 후에 패악悖惡한 행동을 하지 아니할 자가 적을 것이다.

1-29 놀기만 즐기고 구속받기를 꺼려서 항상 어른이 집에 없기를 바라는 것은 착한 마음씨가 아니다.

1-30 어른이 집에 없는 틈을 타서 친구들을 모아 시끄럽게 떠들며 못할 짓이 없이 놀다가, 어른의 기침 소리가 들리면 창문을 뚫어 엿

보고는 걸음을 가만가만 걷고 말을 조용조용히 하며 억지로 글을 읽는 체하는데, 어른을 그렇게 속일 수 있겠는가.

무릇 사내아이들은 이처럼 속이고도 태연한데, 이 버릇을 고치지 않으면 소인小人이 되고도 남음이 있을 것이니, 심하게 견책하여야지 용서해서는 안 된다.

1-31 세상에는 교활한 아이가 있어, 단아한 사람과 정직한 선비를 대하면 금방 태도를 가다듬고 말씨를 조심하여 장래 잘될 것같이 보이나, 그의 소행을 살피면 간사하고 교만하여 한 가지도 볼 만한 것이 없으니, 이것은 참으로 소인의 기상이다. 어린애라고 해서 조금도 용서하지 말아야 한다.

1-32 어른을 싫어하고 하류층과 어울리기를 좋아하는 아이는 천하고 누추한 데 들어가기 쉽다. 하인과 놀던 어린애는 비록 장년이 되더라도 언어와 용모가 속된 기운을 벗어나지 못한다.

그 때문에 자녀를 교육할 때 반드시 그들로 하여금 근실하고 올바른 사람과 놀게 해야 마침내 소인배가 되지 않을 것이다. ≪시경詩經≫에 "깊은 골짜기에서 나와 높은 나뭇가지로 옮겨간다." 하였다.

1-33 사내아이가 과거 공부하는 학생들을 따라 문장 공부를 하게 되면, 용모가 단정하지 못하고 언어가 범절이 없고 행동이 경솔해져 그대로 고질적인 습성이 되고 만다. 그것은 듣고 보는 것이 속된 범위에서 벗어나지 못하기 때문이다.

그러므로 부득이해서 자녀나 동생들로 하여금 과거 공부를 하게
한다면, 모름지기 조심성 있고 행실이 올바른 선비를 따라 공부하게
해야 한다. 그러면 아이들이 자연 근신하게 될 것이다.

2. 공부

2-1 사내아이를 교육할 때는 반드시 먼저 마음가짐을 공명정대하게 가지고 학업을 올바르게 하도록 인도할 것이며, 그가 장성하면 스승과 벗을 추종하되, 반드시 단아한 사람을 택하고 옳지 못한 사람을 멀리하며 경서經書의 교훈을 어기지 않게 해야 비로소 하류의 인생이 되는 것을 면할 것이다.

비록 빈천하여 문지기·고용살이, 또는 농부農夫·의원醫員·상인商人·장인匠人 등을 직업으로 삼더라도 행동을 삼가는 선비 된 정신은 잃지 않아야 한다.

만일 어릴 때부터 장성할 때까지, 그 듣고 보는 것이 온통 부정한 일과 부정한 사람들이라면, 혹시 옳은 일과 옳은 사람을 보더라도 도리어 해괴하게 생각할 것이다.

자신은 비록 학문이 남보다 뛰어나고 풍류가 훌륭하다고 생각하더라도 식견 있는 사람이 볼 때는 곧 하류의 선비인 것이다.

사람이 착하게 되기는 매우 어렵고 악하게 되기는 너무도 쉽다. 그러므로 아이들을 훈계하여 그들로 하여금 좋은 것과 나쁜 것을 밝게 보아서 혹시라도 나쁜 것에 물드는 일이 없게 해야 한다.

2-2 망아지는 길들이지 않으면 좋은 말이 될 수 없고, 어린 소나무는 가꾸지 않으면 아름다운 재목을 이룰 수 없다. 그러므로 자식을 두고서 잘 가르치지 않으면 버리는 것과 같다.

2-3 지금 어린아이를 교육하는 데는 오직 효제孝悌·충신忠信·예의禮義·염치廉恥를 위주로 하고, 착한 심성을 함양涵養하는 방법에 있어서는 시를 노래하도록 유도하여 정감이 일어나게 하고, 예절을 익히도록 유도하여 태도가 엄숙해지게 하고, 글을 읽도록 유도하여 지각이 트이게 해야 한다.

2-4 시를 노래하는 데 있어서는 모름지기 자세를 바르게 하고 기운을 안정시켜, 음성音聲을 맑게 내고 곡조를 정확히 하며, 조급하게 하지도 말고 떠들썩하게 하지도 말며 무기력하게 하지도 말아야 한다. 이 같은 방법으로 오래 계속하면 정신이 상쾌하고 심기가 화평해질 것이다.

학습에 있어서는 학생의 많고 적음을 헤아려서 세 반으로 나누어 매일 한 반씩 돌려가며 시를 노래하고, 그 나머지 사람들은 모두 자리에 앉아 바른 자세로 엄숙히 듣게 한다.

2-5 예절을 익히는 데 있어서는 모름지기 마음을 맑게 하고 생각을 엄숙히 하여, 예의와 절도를 살피고 용모를 점검하며, 경솔하거나 태만하지도 말고, 지근덕거리거나 간사하지도 말며, 융통성 없고 촌스럽지도 말며, 태연스러우나 바보스럽지 말 것이며, 근신하나 움츠러들지 말게 해야 한다. 이 같은 방법으로 오래 계속하면 예절의 태도가 익숙

하고 덕성이 굳건해질 것이다.

또한 앞서처럼 세 반으로 나누어 날마다 한 반씩 돌려가며 예절을 익히고 나머지 사람들은 모두 자리에 앉아 바른 자세로 엄숙히 보게 한다.

2-6 글을 가르치는 데 있어서는 많이만 가르칠 것이 아니라. 정밀하게 익히는 것이 중요하다. 그러므로 그 자질을 헤아려서 능히 2백 자를 배울 수 있는 자에게는 1백 자만 가르쳐, 항상 정신과 역량이 남아돌게 하면, 싫증을 낼 염려가 없고 자득하는 좋은 성과가 있을 것이다.

글을 읽을 때에는 마음을 전일專—하게 하여 입으로는 외고 마음으로는 생각하면서 글의 자구를 반복 생각하며, 그 음절을 억양 있게 내고 마음을 너그럽고 겸허하게 갖기를 힘쓰도록 해야 한다. 이 같은 방법으로 오래 계속하면 의리가 흡족하고 총명이 날로 열릴 것이다.

≪예기≫ 〈내칙內則〉에 "남자가 여덟 살을 먹거든 비로소 사양하는 버릇을 가르친다." 하였다. 공손하면서 탐내지 않고 겸손하면서 인색하지 않음이 예절의 좋은 일이다. 한漢나라 때 학자 공융孔融 (153~208)은 어릴 때 여러 형들과 과일을 먹는데, 제일 작은 것을 집었다. 형이 그 까닭을 물으니, "저는 작으니, 의당 작은 것을 가져야지요." 하였다.

2-7 율곡 선생은 어린아이들을 가르칠 때 어린이가 삼가야 할 17조목을 설정하여, 중한 것은 한 번만 범해도 벌을 주고, 경한 것은 세 번 범

하면 벌을 주었다. 그 17조목은 다음과 같다.

(1) 교훈을 따르지 않고 다른 일에 마음을 쓰는 일

(2) 부모가 명령한 것을 즉시 시행하지 않는 일

(3) 형이나 어른을 공경하지 않고 말을 포악하게 하는 일

(4) 형제간에 우애하지 않고 서로 다투는 일

(5) 음식을 서로 다투고 사양하지 않는 일

(6) 다른 아이들을 괴롭히고 업신여겨 서로 다투는 일

(7) 견책하는 말을 받아들이지 않고 원망하고 노여운 마음을 갖는 일

(8) 두 손을 단정하지 못하게 마주 잡거나 옷소매를 풀어헤치고 한 다리에 의지해 기대서는 일

(9) 걸음걸이를 경솔히 하여 뛰어다니고 넘어다니는 일

(10) 실없는 농담을 좋아하고 말소리나 웃음소리가 시끄러운 일

(11) 실익이 없고 관계없는 것을 하기 좋아하는 일

(12) 밤에는 일찍 자고 아침에는 늦게 일어나는 등 게을러서 글을 읽지 않는 일

(13) 글을 읽을 때 서로 돌아보며 잡담하는 일

(14) 방심하고 혼매昏昧하여 앉아서 조는 일

(15) 단점을 두호하고 과실을 숨기며 언어가 진실하지 못한 일

(16) 한가한 사람을 대하여 잡담하기를 좋아하고 학업을 폐하는 일

(17) 초서草書와 난필亂筆로 종이 더럽히기를 좋아하는 일

2-8 자녀들의 우열優劣을 매기자면, 어릴 때 교훈을 잘 준수하여 꾸지람을 듣거나 매를 맞지 않는 것이 제일이다.

혹시 과실이 있어 어른이 매를 때리더라도 원망하지 않고, 부끄러워하고 두려워하며 감동하고 뉘우쳐서 매양 무슨 일을 할 때마다 반드시 전일에 꾸지람을 듣고 매를 맞았던 까닭을 생각해서, 삼가고 조심하여 두 번 다시 범하지 않는 것이 그 다음이다.

최하는, 이미 큰 과실이 있는데도 승복하지 않고, 어른이 꾸짖거나 벌을 주면 사납게 성질을 마구 부리면서 과실을 변명하고 제가 잘한 체하며, 어른의 비위를 거슬러 그 화를 돋아서 어른으로 하여금 자신을 마구 때리게 하여 인간의 정情을 상하게 하는 것이다.

또는 죄를 범하여 벌을 받게 될 때에는 허리를 굽실거려 승복하면서 다시는 나쁜 짓을 하지 않겠다고 맹세하여 우선 심한 벌을 모면하고는 뒤에 다시 마찬가지로 하여, 여러 번 잘못을 범하고 여러 번 벌을 받아도 끝내 고치지 않는 자가 있는데, 그도 역시 어찌할 수 없는 인간이다.

나는 천성이 워낙 못나서 어릴 때부터 그저 조심하고 겁이 많았으므로, 세 살에서 열 살이 될 때까지 어른의 매를 맞은 적이 세 번뿐이었다. 지금도 그때 무슨 일 때문에 그런 벌을 받게 되었다는 것이 뚜렷이 생각난다.

세상의 교활한 아이들은 자신의 살이 아픈 것을 겁내지 않는 버릇이 있다. 어른이 매를 때리는 일을 어찌 즐겨서 하겠는가. 대개 아이들이 반성하기를 바라는 뜻에서 그런 것인데, 어찌 원망해야 하겠는가.

2-9 어린아이가 총명하여 비록 지혜가 있더라도, 어른은 그것을 너무 칭찬하여 교만한 기운을 양성해서는 안 된다.

2-10 스승이 엄격하면 어리석은 아이는 반드시 싫증을 내어 그 부형에게 "잘 가르치지 못합니다." 하고서, 그 스승을 배반하고 다른 데로 가 유약하고 속된 사람을 따르게 되니, 부형들은 모름지기 그 간사함을 살펴서 호되게 꾸짖어야 옳다. 스승 된 이도 싫증 내는 아이가 있거든, 그는 끝내 좋은 사람이 될 수 없는 아이이니 쫓아버리는 것이 옳다.

2-11 자제가 어릴 때부터 자질이 아름답고, 그 뜻을 살펴볼 때 세속의 과거에 관한 학문 익히기를 원하지 않거든, 그의 본성을 거스르지 말고 그가 좋아하는 취미에 맡겨서, 어진 스승과 벗을 택해서 학업을 성취시킨다면, 저 과거의 영광에 비교할 때 그 경중과 대소가 과연 어떠한가.

2-12 어른이 아이들과 부담 없이 해학諧謔하기를 좋아하면, 아이들은 두려워하는 바가 없으므로 날로 어리석어진다. 그러므로 이와 같은 사람은 비록 글을 잘하고 재주가 있더라도 스승을 삼아서는 안 된다.

2-13 배웠던 글을 돌아앉아서 욀 때에 잔글씨로 베껴 가지고 몰래 보고 왼다면, 마음을 속이는 일이 이보다 더 심한 것이 있겠는가. 불량한 버릇은 막지 아니할 수 없으니, 매를 때려 피가 흐르더라도 애석할 것이 조금도 없다.

2-14 부랑하고 교활한 아이가 나의 자녀를 장기와 바둑을 두는 일이나 비속한 일로써 유인하거든, 먼저 나의 자녀를 호되게 다스리고 또 그 아이의 부형에게 알려서 그 아이를 때려주게 할 것이며, 후일에 그 아이가 또 오거든 반드시 거절하고 쫓아버려야 한다.

2-15 항상 보건대, 세속의 자제 중에는 부모를 속이지 않는 자가 극히 드물다. 그 이유를 궁구하면, 모두 어린아이 적에 그 부모가 사랑하기만 하고 가르치지 않았기 때문에 그렇게 되는 것이다. 이렇게 되면 그 아들만 불효할 뿐 아니라, 또한 그 부모도 제대로 사랑하지 못한 잘못이 있는 것이다.

2-16 교활한 자녀에게는 글을 익히게 해서는 안 된다. 지혜를 넓혀주면 반드시 도적이 된다. 날뛰는 자제에게는 무술武術을 배우게 해서는 안 된다. 포학暴虐을 길러주면 반드시 사람을 죽인다.

2-17 아이가 스승에게 막 글을 배울 때 마음이 조급하여, 스승의 뜻풀이하는 일에 염증을 내어, 손으로 책장을 쥐고서 얼른 넘기려고만 하며, 심지어 스승의 설명이 끝줄의 뜻에 이르기도 전에 빨리 책장을 넘겨버리는가 하면 글 뜻을 잘 모르면서도 질문하지 않는다. 그리고 가르쳐주는 일이 끝나자마자 얼른 책을 덮어버린다.

　스승이 또한 소리를 내서 읽어줄 때도 아이는 너무 빨리 읽어서 그 소리가 항시 스승보다 앞서 가니, 이것은 스승을 도리어 가르치는 혐의嫌疑를 범하게 되는 일이다. 이렇게 되면 스승이 가르쳐주는 뜻을 잘 이해하지 못할 뿐 아니라, 마음이 안정되지 못하여 좋은 인재가 될 수 없다. 따라서 이상 몇 가지 일을 깊이 경계하지 않아서야 되겠는가.

2-18 글을 읽는 소리는, 깔깔한 소리로 읽는 것도 글 뜻을 잘 이해하지 못하고, 미끈한 소리로 읽는 것도 글 뜻을 잘 이해하지 못하니, 모름지기 부드럽고 자상하고 원활하고 분명하게 읽어야 한다.

2-19 글을 읽을 때 글 읽는 횟수를 표시하는 산가지를 속여서 넘기는 것은 어린아이의 불량한 버릇이다. 그런 아이가 장성하면 흔히 무식하다. 또한 교활하고 진실치 못하여, 병을 핑계하고 글을 읽지 않는 것도 나쁜 버릇이다.

2-20 글 읽는 횟수는 시간을 배정해야 하고, 배정된 시간을 넘나들어 더 읽기도 하고 덜 읽기도 해서는 안 된다.

나는 어릴 때 하루도 과정을 빼먹은 일이 없었다. 아침에 4, 50줄을 배워서 하루 50번을 읽었는데, 아침부터 저녁까지 다섯 차례로 분배하고 한 차례에 열 번씩 읽었다. 몹시 아플 때가 아니고는 어김이 없었다. 그러므로 공부하는 과정이 여유가 있고 정신이 증진되었다. 그때 읽은 글은 지금도 여전히 그 대의大意는 기억이 난다.

어른에게 가르침을 받을 때는 손을 모아 잡고 단정하게 앉아서 공손히 듣고 자세히 물어야 한다.

글 읽는 소리는 온화하면서도 나약하게 내지 말고 맑으면서도 촉박하게 내지 말며, 중복되거나 끊어지게 하지 말고 요란하거나 떠듬

거리지도 말라. 그리고 거꾸로 읽지도 말고 틀리게 읽지도 말고 글자를 빠뜨리고 읽지도 말고 글줄을 건너뛰어서 읽지도 말라.

또 몸을 흔들지도 말고 머리를 휘젓지도 말고 하품하거나 기지개 켜지도 말고 한숨 쉬거나 기침하지도 말며, 강의를 들으면서 다른 말을 곁들이지도 말고 글을 보면서 다른 일에 한눈 팔지도 말라.

2-21 책을 읽거나 강의를 들을 때 부채나 허리띠를 만지작거리거나 자리를 긁거나 버선을 매만지거나 가려운 데를 긁거나 손톱을 긁어내거나 하는 일을 하지 말라. 그렇게 하면 마음이 들떠 묻기를 소홀히 하고 듣기를 싫어하게 된다.

2-22 글씨를 익힐 때는 반드시 정자正字로 정하게 쓸 것이며, 거칠게 초서草書를 섞어 쓰거나, 처음에는 부지런하다가 나중에는 게으른 행동을 해서는 안 된다.

2-23 명明나라 때 학자 고반룡高攀龍(1562~1626)은 이렇게 말하였다.

"지금 사람은 어릴 때부터 성인成人이 될 때까지, 부모의 가르침이나 스승의 교훈이 부귀를 바라는 이외에 그 무엇이 있는가. 그러므로 그러한 사상이 마음에 뿌리박히고 얼굴빛에 나타나 말하지 않아도 선뜻 알게 된다. 그래서 부귀를 바라는 생각이 이미 천성처럼 되고 참된 인의와 도덕은 도리어 조작하는 것처럼 여긴다. 그러하니 그러한 사상에서 벗어나서 내가 말하는 지극한 부귀인 인의와 도덕을 스스로 찾을 수 있는 자가 있기를 어찌 바라겠는가."

2-24 주자朱子가 아들에게 준 편지에서 이렇게 말했다.

"거처居處에 있어서는 몸가짐을 삼가야지, 방자하고 태만해서는 안되며, 언어言語에 있어서는 정당하게 해야지, 시시덕거리고 떠들어대서는 안 된다. 모든 일에 있어서는 겸손하고 공순해야지, 의기를 내어 남을 능멸함으로써 치욕恥辱을 자초해서는 안 된다. 남과 사귐에 있어서는 더욱 신중하게 사람을 가려야 하니, 동학同學이라 하더라도 친소親疎의 구분이 없어서는 안 된다."

또 이렇게 말하였다.

"일찍 수업에 힘써 스승에게 더 가르쳐주기를 청하기도 하고 모르는 것은 질문하기도 할 것이요, 어물어물 그냥 넘겨서는 안 된다. 언어 들은 교훈은 날마다 기록하라. 남의 교훈적인 말과 아름다운 행실을 보면 공경하고 사모하여 그것을 기록해두고, 내 것보다 나은 남의 좋은 글을 보면 빌려다가 익숙히 보고, 혹은 적기도 하고 묻기도 하여 그 사람처럼 되기를 생각하라."

2-25 조선조에 좌찬성左贊成을 지낸 이상의李尙毅(1560~1624)는 아이 때 성질이 매우 경솔하여 진득이 앉아 있지도 못하고 말을 하면 마구 망발妄發하므로 부형들이 걱정하였는데, 공은 스스로 경계하기 위해 자그마한 방울을 차서 그 소리를 들으며 몹시 조심하였다. 나갈 때나 들어올 때나 앉을 때나 누울 때나 방울을 몸에서 떼지 않았다. 그래서 중년에는 너무 너그럽고 느슨하다는 기롱을 받았다. 후세 사람이 경박한 자제를 경계할 때에도 반드시 공을 들어 본보기로 삼는다.

2-26 임진왜란 때에 의병장이었던 중봉重峯 조헌趙憲(1544~1592) 선생은 어릴 때부터 학문을 즐겼다. 옷과 신이 다 해어져도 스승을 따르는 데는 눈비를 피하지 않았다.

벼가 익을 무렵에는 선생이 논두렁에서 벼를 지키게 되었는데, 학우學友 몇 명이 선생을 따라가서 각기 낮에 읽던 글을 외었다. 그러다가 밤이 깊으면 그들은 잠을 자나, 선생은 계속 외다가 밤이 아주 이슥한 뒤에야 비로소 자는 둥 마는 둥 하였다. 그러다가 첫닭이 울면 또 일어나서 외었다.

선생은 또 소를 먹이면서도 책을 보았다. 소가 풀을 찾아가면 선생은 반드시 책을 가지고 그 뒤을 따르면서 보았다. 그리고 비가 오면 삿 갓 밑에서 책을 펴들고 골똘히 연구하였다.

선생은 또 매일 나무를 해다가 어버이의 방에 불을 땠는데, 그때에도 그 불빛을 이용해서 책을 보았다.

선생은 또 농사를 지어 어버이를 봉양하였는데, 언덕에 나무를 가로질러서 시렁을 만들어 거기에 책을 두고서 쉬는 틈틈이 읽었다.

3. 어른을 공경함

3-1 아이에게 반드시 신중하고 근신함을 가르쳐야만 자라서 스승과 벗을 공경할 줄 안다. 그리고 재주가 있더라도 남에게 교만을 부리게 해서는 안 된다.

　일찍이 보건대, 재주가 좀 있는 데다 집안이 부귀한 사람은 반드시 남에게 교만을 부려 노소老少를 구별하지 못하므로, 원망과 비방이 집중되고 욕설이 부형에게 미쳤다.

　대개 교만은 천박한 데서 생기고 천박은 지혜롭지 못한 데서 생긴다. 이것은 모두 어릴 때 신중하고 근신함을 가르치지 않아서, 스스로 불효하고 불경한 데 빠지게 된 것이니, 두렵지 않은가.

3-2 아이들은 부모의 사랑만 믿어서 혹 부모의 꾸지람을 순순히 받지 않고 마치 승부勝負를 겨룰 것처럼 기를 쓰고 변명하기도 한다. 만일 그 버릇을 고치지 않고 오래 가게 하면 마침내 불순不順한 자식이 될 뿐이다.

3-3 아버지에게 공경하면서 너무 무서워하고 어머니에게는 사랑하면서 버릇없이 구는 경우가 혹 있는데, 너무 무서워하면 애정이 펴지지 못하고 버릇없이 굴면 공경심이 행해지지 못한다. 그 때문에 부모

를 섬기는 데는 공경과 사랑을 고르게 해야 한다.

3-4 스승과 어른을 칭할 때에는 반드시 선생先生이라고 해야 한다. 사람으로서 말을 삼가지 않으면 그 사람의 흉중이 방자함을 알 수 있고, 선배를 안중에 두지 않으면 그 사람의 인품이나 일생 동안의 과업에 규범이 없음을 알 수가 있다.

　요즘 아이들은 방자하게도 글을 가르쳐준 스승이나 존장尊長의 이름과 자字를 마구 부르니, 반드시 호號를 부르거나 선생이라 일컬어야 한다.

3-5 조선조에 판중추부사判中樞府事를 지낸 조경趙絅(1586~1669)이 어떤 재상의 집에 갔더니, 나이 든 어떤 음관蔭官*이 먼저 와서 자리에 앉아 있었다.

　주인의 손자가 나이 6, 7세가 되었는데 주인은 그 아이를 몹시 귀여워하였다. 주인이 아이로 하여금 그 음관을 희롱하고 욕하게 하니, 그 아이는 음관을 개나 소에 비유해서 희롱하였다.

　주인은 기뻐하며 말하였다.

　"이 아이에게는 기백氣魄이 있으니 반드시 우리 가문을 크게 일으킬 것이오."

　그러나 조공趙公은 정색을 하며 말하였다.

　"어린아이는 마음과 뜻이 아직 정해지지 않았으므로 매를 때리면서 어른을 공경하도록 가르쳐도 오히려 가르침을 받지 않을 터인데,

이제 도리어 어른을 업신여기고 욕하도록 가르치는 것이오? 이 아이는 늙은이를 이미 업신여길 수 있으니, 반드시 형도 업신여길 수 있고 아버지도 업신여길 수 있고 나아가 임금 역시 업신여길 수 있을 것이 아니겠소."

그러자 주인은 기가 죽어 말을 못하였다.

* 나라에 공훈이 있는 자의 후손에게 주는 벼슬.

3-6 함께 공부하는 아이 중에 나이는 비록 같더라도 혹 관례冠禮*를 먼저 올린 아이가 있거든 약간 공경하고 너나들이를 하지 말라.

* 관례는 전통사회의 중요한 의식의 하나로, 성인으로서의 자격을 부여하는 것이다. 남자는 상투를 틀고, 여자는 쪽을 졌다.

3-7 어른의 갓을 쓰거나 어른의 띠를 띠고서 장난하지 말고 어른이 앉고 눕는 자리에 앉거나 눕지 말라.

3-8 어른 앞에서는 머리를 긁거나 손가락으로 이를 쑤시거나 콧물을 닦거나 귀지를 후비지 말라.

3-9 어른이 식사하는 것을 보고 침을 흘리면서 바라보아서는 안 되며, 비록 주지 않더라도 원망하지 말아야 한다. 맹자가 "음식을 탐내는 사람은 사람들이 천히 여긴다." 하였다.

3-10 어른이 문 밖에 나가려 하거든 반드시 옷과 허리띠, 갓의 먼지를

털어서 드리고, 어른이 밖에서 들어와 옷을 벗으려 하거든 반드시 뒤에서 두 소매를 잡아 벗기어 횃대에 잘 걸어야 한다.

3-11 어른이 글씨를 쓰려 하거든 반드시 종이와 벼루를 챙기고 조심스럽게 먹을 갈되 너무 팔에 힘주지 말아야 한다.

그리고 어른의 종이와 붓은 함부로 쓰지 말아야 하고, 또 어른이 잘 간직해두라고 당부當付한 물건은 잃어버리지도 말고 파손하지도 말아야 한다.

3-12 어른이 등의 가려운 데를 긁으라 하거든 손이 만일 차가운 경우, 반드시 입으로 불어 따스하게 하거나 불에 쬔 다음에 긁어드려야 한다.

3-13 어른보다 뒤에 자고 어른보다 앞서 일어나라. 그리고 등불을 켜고 화로에 불을 담는 일은 손수 익히고, 날마다 걸레와 비를 가지고 닦고 쓸고 나서 책상과 자리를 정돈하고 이불과 요를 잘 개두고 책, 붓, 벼루를 점검하라.

3-14 어른이 어떤 아이에게 글을 가르칠 때 다른 아이가 혹시 곁에서 손가락질하며 글 뜻을 설명하는 등 떠들어대는 것은 몹시 불경스러운 일이니, 꾸짖어 못하게 하는 것이 옳다.

3-15 아이가 글을 읽을 때 어른이 병을 앓거나 혹 손님과 이야기하는

일이 있거든, 높은 소리로 글을 읽어서 어른들의 이야기를 혼란케 하지 말고, 반드시 가는 소리로 읽어야 한다. 또는 정신을 그쪽으로 기울여서 몰래 엿듣지도 말라.

3-16 아이가 어른의 모임에 참석했을 때 말하고 웃는 일을 너무 방자하게 하는 것도 상서스럽지 못하니, 겸손하고 삼가며 공손하게 듣고 신중하게 대답하며 분명하게 묻고 상세하게 기록하는 일을 소홀히 할 수 있겠는가.

3-17 어른의 모임에 들을 만한 말이 있거든, 반드시 그 자리에 참석하여 공손한 태도로 들어 명심하고, 혹 기록할 만한 일이 있거든 반드시 물러가서 기록하라.

　손님들이 혹 여색女色에 대한 음담패설을 할 때에 아이들이 그것을 듣고 웃는다면 방탕한 태도에 가깝고, 거짓으로 알지 못한 체한다면 거짓스런 태도에 가까우니, 슬며시 문 밖으로 나와 듣지 않는 것이 좋다.

3-18 어른이 어린이를 데리고 높은 곳에 올라가서 경치를 감상하거든 어린이는 반드시 어른 곁에 모시고 서서 어른의 지시를 기다려야지, 제멋대로 뛰어다녀서 어른이 부르느라 수고하게 만들어서는 안 된다. 그리고 눈에 보인 것은 반드시 자세히 물어라.

3-19 어른이 시를 지으라 명하거든 무슨 사정을 핑계해서 시간을 끌지 말고 성의를 기울여 지을 것이며, 또한 글자 뜻을 자세히 물어서 시

에 써야 한다.

그리고 처음부터 지을 생각을 아예 하지 않고 남이 지은 것을 표절剽竊해서는 안 되고, 또한 남을 시켜 짓게 하고는 자기가 지은 것처럼 해서도 안 된다.

3-20 손님이 오시면 반드시 절을 하면서 뵙고, 손님이 어른을 만나지 못하고 되돌아가게 될 경우에는 반드시 손님이 무슨 일로 어디서 왔는지 공손히 물어서 자세히 기억했다가 어른이 오면 곧 알려드리고, 다른 곳에서 물어온 일이나 편지가 있을 때에도 잊거나 잃어버리지 말고 역시 어른에게 잘 알려드려야 한다.

3-21 어른이 나가시고 들어오시고 할 때에는 반드시 일어서야 하고, 어른이 훈계하시면 반드시 두 손을 마주 잡고 서서 엄숙히 들어 잊지 말아야 하며, 훈계한 말 중에 혹 의심나는 것이 있으면 반드시 자세하게 물어야 하지, 어른을 무섭게 생각해서 자세히 알아보지도 않고 그냥 "예예" 하고 대답하거나 또는 억지로 "알고 있습니다" 하고 대답하지 말아야 한다.

3-22 어른을 모시고 식사할 때는 다 먹자마자 숟가락을 내던지고 먼저 일어나지 말라.

3-23 손님이나 노인이 오거든, 아이는 마루에서 내려가 엄숙하게 맞아서 부축하여 모시고 마루에 오르며, 그 지팡이는 벽에 기대놓았다가

그분이 가려고 일어서거든 먼저 신발을 챙기고 지팡이를 받들고서 맞이할 때처럼 부축하여 모시고 마루에서 내려가라.

4. 바른 습관

4-1 부녀자의 세세한 일이나 익히고 세속의 비루한 말이나 익히며, 성인聖人의 경전과 현인賢人의 글을 읽지 않고 좋은 스승과 유익한 벗을 가까이하지 않으면 이것이 바로 자포자기自暴自棄인 것이다.

4-2 세상 교육이 쇠퇴함으로부터 어린이들이 듣고 보는 것은 과거 보기, 높은 벼슬, 여성 문제, 재산과 이익, 도박, 해학과 우스개, 남에 대한 비방, 남과의 경쟁, 남의 비위 맞추기, 사기 행위, 자린고비와 인색, 과장과 허풍 떨기, 시기와 질투, 사치와 과소비, 필요 이상의 흠선欽羨, 술과 음식 맛자랑, 승마 운동, 고가의 사치스러운 물건, 고가의 의복과 신발 등에 관한 일에 불과하고, 짓는 것은 과거 시험이나 보기 위한 글이며, 읽는 것은 소설류小說類의 저급한 책이니, 어찌 일찍이 바른 일을 행하고 옛 경전을 읽었겠는가.

그러므로 인심人心은 날로 나빠지고 인륜人倫은 날로 퇴폐해지니 이것은 아이를 올바로 가르치지 않는 데서 비롯되는 것이다.

4-3 송宋나라 때 학자 정이程頤 선생은 이렇게 말하였다.

"사람이 어릴 때는 아직 주견이 없으니, 마땅히 격언格言과 잠언箴

言을 날마다 그의 앞에 늘어놓아야 한다. 그렇게 하면 그가 비록 깨닫지 못한다 하더라도 실컷 들어서 귀에 배면 오랜 뒤에는 저절로 버릇이 되어 본디부터 있는 것과 같을 것이다. 그렇게 되면 비록 다른 말로 유혹하더라도 먹혀 들어가지 않을 것이다.

만일 어릴 때 이렇게 미리 예방하지 않으면 그가 좀 자라매 편벽된 사욕이 안에서 생기고 뭇사람의 말이 밖에서 유혹하게 되리니, 그때에는 제아무리 순수하려 해도 될 수가 없다."

4-4 어린이들은 거의가 글을 읽기 싫어하고 어른이 시키는 일을 하기는 창피스러워하면서, 모든 오락에 있어서는 권하지 않아도 잘하고 가르치지 않아도 열심히 한다.

장기, 바둑, 쌍륙, 윷놀이 등을 모두 환히 알면 부형과 벗들은 재주가 있다고 그를 칭찬하고, 잘하지 못하면 모두 그를 조소嘲笑하니 어찌 그리도 천박할까.

이런 놀이들은 정신을 소모하고 뜻을 어지럽히며, 공부를 해치고 품행을 망치며, 경쟁을 조장하고 나쁜 기운을 기른다. 심지어 도박에 빠져 재산을 탕진하고 형벌까지도 받게 된다. 그러니 부형 된 자는 엄금하여야 한다.

4-5 어린아이는 욕심이 많은 법이니 욕심을 낼 때마다 금해야 좋은 사람이 될 수 있다. 무릇 남의 의복과 기물器物 등 좋은 물건을 보고서 부러워하지도 말고 헐뜯지도 말고 훔치지도 말고 빼앗지도 말고 바꾸

지도 말고 감추지도 말게 하며, 자기 물건은 인색하게 여기지도 말고 자랑하지도 말고 남의 것보다 못한 것을 한탄하지도 말게 하라.

4-6 형제간에는 아무리 조그마한 물건이라도 고루 나누어 가져야지 혼자만 가져서는 안 된다.

나는 서씨徐氏와 원씨元氏에게 시집간 두 누이동생보다 여섯 살과 일곱 살이 많았는데, 모두 어릴 때에 한 가지의 꽃을 얻으면 반드시 그 꽃송이를 셋으로 나누었고, 한 개의 과일을 얻으면 반드시 그 과일을 세 쪽으로 나누었다. 장성해서도 서로 다투지 않아 거의 네 것 내 것이 없었으므로 일가친척들은 칭찬하였다. 나의 자녀들은 이것을 몰라서는 안 된다.

4-7 어린이가 담배 피우는 것은 아름다운 품행이 아니다. 골수를 마취시키고 혈기를 마르게 하는 것이며, 독한 진액津液은 책을 더럽히고 불티는 옷을 태운다. 그리고 담뱃대를 물고 서로 시시덕거리며 경쟁하다가 입술을 터뜨리고 이를 부러뜨리며, 심지어는 머리나 목구멍을 찌르기까지 하는데, 어찌 두렵지 않은가.

혹은 손님을 대하여 긴 담뱃대를 빼물고 함께 불을 붙이는 어린이도 있는데, 어찌 그리도 오만불손한가. 또는 어른이 매까지 때리며 엄하게 금하는데도 숨어서 몰래 피우고 끝내 고치지 않는 어린이가 있는가 하면, 혹은 어린이에게 담배 피우기를 권하는 부형도 있으니, 어찌 그리도 비루한가. 담배가 성행하는 것은 특히 아름다운 일이 아니다.

4-8 연을 날리는 놀이는 어린이들을 미치광스럽게 만드는 것이니, 더욱 엄금해야 할 일이다. 연을 날릴 때는 눈이 부릅떠지고 입이 벌어지고 볼이 트고 손이 갈라지고 옷이 째지고 신발과 버선이 더럽혀지며, 담을 뛰어넘고 지붕에 걸터앉고 언덕에서 떨어지고 구덩이에 빠진다.

그리고 아버지의 종이를 훔치고 어머니의 실을 도둑질하며, 교훈을 어기고 공부과정을 빠뜨리며, 심지어는 승부를 겨루면서 서로 치고 받기까지 하니, 한 가지 놀이로 해서 백 가지 악습이 일어난다.

우리 집 자녀들은 일찍이 연줄을 감는 얼레를 잡아보지도 않았으며, 눈을 들어 연싸움하는 것을 구경만 해도 나는 반드시 꾸짖었다.

4-9 일찍이 보건대, 집비둘기 기르는 일에 골똘한 사람은 뜻을 상실하고 학업을 폐지하는 것이 투계鬪鷄하는 자와 같으니, 역시 금지해야 한다.

4-10 아이 때 책을 사랑하고 아끼는 자는 자라서 반드시 학업을 성취한다. 먹물로 책을 더럽히지도 말고, 잡된 물건을 책장 속에 끼워놓지도 말고, 여백을 베어내서 쓰지도 말라.

4-11 함께 공부하는 아이의 종이와 붓은 빼앗아 독차지하고, 자기의 종이와 붓은 아끼느라 간직해두고는 남이 쓸까 염려하는 짓을 해서는 안 된다.

4-12 무릇 글씨를 익히려고 먹을 갈 때, 먹물이 손가락과 손톱에 묻고 옷을 더럽히고 자리에 튀게 하는 것은 아이의 바른 행실이 아니다.

4-13 밤참은 많이 먹지 말고 먹은 즉시 눕지 말라. 음식을 먹을 때 부스러기를 혀로 핥아서는 안 되고, 국물을 손가락으로 찍어 먹어서도 안 된다. 그리고 밥 먹을 때에는 크게 웃지 말라. 세수하지 않고 조반을 먹어서도 안 되는데, 그것은 더럽기 때문이다.

4-14 물기 있고 맵고 짠 반찬을 맨손으로 집어 먹고 나서 그 손으로 얼굴과 눈을 문지르거나 배와 등을 긁거나 책을 들거나 옷섶에 닦거나 하지 말라.

4-15 먼지 소제하는 일은 시간에 구애하지 말고 벼루는 5일에 한 번씩 씻고, 이불 · 요 · 자리는 3일에 한 번씩 털라. 책꽂이는 흐트러질 때마다 정리하고, 여름철에는 아침저녁으로 방에 뛰는 벼룩 등을 잡으라.

4-16 땅에 글씨를 쓰지 말라. 사람들이 그것을 밟고 다닐까 싶기 때문이다. 어떤 선비는 나이 대여섯 살 때 같은 또래 아이들이 뜰에다 천天, 군君, 부父 등을 쓰는 것을 보고 언짢은 기색을 하며 애써 못하게 했다 한다.

4-17 활과 화살을 만들어 난사하지 말고, 남의 집에 돌을 던지지 말

고, 화약을 가지고 장난하지 말라. 또 손님의 노새나 나귀를 몰래 타고 달리지 말고, 말총을 뽑지 말고, 미친개를 건드리지 말라.

4-18 나무 껍질을 산 채로 벗기지 말고, 새털도 산 채로 뽑지 말라. 그리고 벽이나 담에 낙서하거나 더럽히지 말고, 기둥이나 문지방에 글씨를 새기지 말라.

4-19 나무에 올라가 매미를 잡지 말고, 지붕에 올라가 새 새끼를 잡지 말며, 이웃집 과일이나 꽃가지를 따지도 꺾지도 말라. 그리고 벌레, 새, 풀, 나무 등 모든 생물을 해쳐서는 안 된다. 나의 양심을 파괴하는 일일 뿐 아니라, 떨어지고 자빠지고 쏘이고 찔리고 하는 등 그 해가 한두 가지가 아니다. 새순을 꺾어 먹거나 봄철 소나무의 진을 빨아먹어서는 안 된다.

4-20 얼음과 눈을 함부로 먹거나, 눈을 뭉치고 얼음을 지치는 것은 자태를 손상시킬 뿐 아니라 또한 병이 나기가 쉽다. 공자孔子가 "부모는 오직 자식이 아플까 근심한다." 하였다.

4-21 보리 까끄라기를 입에 물지 말고, 꽃술의 냄새를 맡거나 눈에 갖다 대지 말라. 그것은 모두 해가 올까 싶기 때문이다.

4-22 아궁이나 풀무를 설치해놓고 불장난하지 말고, 앉거나 설 때에는 반드시 화롯불이나 등잔불을 삼가 피해야 한다.

4-23 등잔불에 대고 기침하지 말고, 바람을 거슬러 침을 뱉지 말며, 기름 바른 머리로 책을 베지 말고, 땀 난 손으로 음식물을 쥐지 말라.

4-24 등잔불의 심지를 자르면서 불을 꺼지게 하지 않고, 벼루에 물을 부을 때 물을 넘치게 하지 않는 아이는 역시 조심하는 아이임을 알 수 있다.

4-25 어버이를 섬기는 자는 약을 달이고 차를 끓일 때 그 물의 정도와 불의 정도를 자세히 몰라서는 안 된다.

4-26 빈천한 집안 아이는 말할 것도 없고 부귀한 집안 아이도 공부하는 여가에 그 힘에 따라 수시로 힘든 일을 하면, 후일에 그 보람이 매우 크다.

주자朱子도 "옛날 사람은 상하 신분의 구별이 비록 엄하였으나, 자녀를 하인과 같이 대하였다." 하였다. 그리고 도잠陶潛은 자신이 타는 가마를 아들과 문인에게 메게 하였고, 자로子路는 쌀을 져다가 부모를 봉양하였으며, 공자孔子는 낚시질과 주살질로 고기를 잡아 부모의 반찬을 마련하였다. 또 옛날 사람들은 손수 무기를 들고 나라를 지키고, 농사짓고 그릇 굽고 고기 잡는 일도 몸소 하였다.

그런데 후세에 와서는 교만과 사치가 날로 심하여 도리어 신하와 아들로서 해야 할 일을 수치스러운 일로 여긴다.

4-27 정경삼鄭慶參이라는 아이는 나에게 공부를 했는데, 정숙하고 온후하고 부지런하고 착실하였다. 그가 일찍이 말하였다.

"모든 일을 처리할 때 아주 잘 처리하기란 매우 어려운 것이다. 화장실에서 변을 보는 것은 매우 작은 일이지만, 그것도 잘하기란 역시 어려운 일이다."

나는 그 말을 듣고 가상히 여겼다.